60er Jahre

DAS JAHRZEHNT IN BILDERN

LOVE

James Lescott

60er Jahre

DAS JAHRZEHNT IN BILDERN

Parragon

Bath · New York · Singapore · Hong Kong · Cologne · Delhi · Melbourne

Entwurf und Realisation: Endeavour London Ltd.
21–31 Woodfield Road
London W9 2BA

Unser Dank gilt dem Team von Endeavour London Ltd. – Jennifer Jeffrey, Kate Pink, Franziska Payer-Crockett und Liz Ihre.

Parragon Books Ltd
Queen Street House
4 Queen Street
Bath BA1 1HE, UK

Übersetzung aus dem Englischen: Heinrich Degen, München
Lektorat & Projektmanagement: Nazire Ergün, Köln
Koordination: trans texas publishing, Köln

ISBN 978-1-4075-2125-1

Printed in China

Alle Abbildungen mit freundlicher Genehmigung von Getty Images und den Fotografen, die Getty Images vertritt:

20th Century Fox: 106–107; Agence France Presse: 170–171, 199, 203, 208, 232–233, 240–241; CBS Archives: Columbia Studios: 81, 136, 213; Eon Productions: 103, 137; FBI: 112; MGM Studios: 237; NASA: 62, 143, 245; Alan Oxley: 38; Paramount Pictures: 32, 54, 102, 212(u); Roger Viollet: 111, 184(or), 184(u), 185, 189; Time & Life Pictures: Frontispiz, 8, 14–17, 19–20, 22–23, 26–31, 40–50, 53, 55–56, 59(u), 60(u), 61, 63–64, 69–74, 76, 82–85, 98–101, 102(u), 103, 108–109, 110, 113–114, 116, 119(o), 120, 122, 131, 137, 141, 143, 151, 154–158, 163, 167–169, 176–178, 180, 182–183, 186, 204–206, 211, 214–215, 218–219, 221, 223, 226, 228–229, 235, 237, 247–248(o), 249, 254; United Artists: 80, 125; Warner Brothers: 212(o)

Frontispiz

Inmitten des Durcheinanders äußerten sich die Träume der Jugend in den 1960ern bunt, psychedelisch und etwas verrückt. Ein Flowerpower-Pärchen blickt bei Latana in Florida aufs Meer, Juni 1967.

Seite 7

„Die einzige Kette, die ein Mensch ertragen kann, ist die Kette, die entsteht, wenn man sich bei den Händen fasst ...“ Martin Luther King Jr. und seine Frau Coretta Scott behalten beim Marsch durch die 1960er ihr Ziel fest im Auge.

Inhalt

6 Vorwort

8 **1960**

34 **1961** Berliner Mauer 56

60 **1962**

82 **1963** Ermordung Kennedys 100

108 **1964** Beatlemania 122

138 **1965**

166 **1966** Swinging Sixties 186

196 **1967**

214 **1968** Vietnam 214

238 **1969**

256 Register

Vorwort

Für viele werden es immer die Swinging Sixties sein, obwohl Millionen diese Jahre ganz anders empfanden: All jene, die in Kriege verwickelt waren oder einfach ums Überleben kämpften – in Südostasien, im südlichen Afrika oder im tiefen Süden der USA. Während die einen an den blumenverzierten Schaufenstern der King's Road und Carnaby Street vorbeiflanierten, marschierten andere für ihre Ideale von Selma nach Montgomery oder starben im Staub von Sharpeville. Freiheit bedeutete in Chelsea die Pille, in Alabama und Südafrika das Recht zu wählen.

Es war keine langweilige Zeit, es gab unzählige neue Dinge zu sehen und zu tun. Der Minirock enthüllte immer mehr Bein. Die Flugzeuge wurden größer und Pauschalreisen billiger. Dem Musikbusiness ging es so gut wie nie, während die Filmbranche sich ernste Sorgen wegen der sich rasant ausbreitenden Konkurrenz Fernsehen machte. Die Beatles fielen in den USA ein, die CIA in Kuba. Mick Jagger wurde zu drei Monaten Gefängnis verurteilt, Nelson Mandela zu lebenslang. Ein Amerikaner betrat als erster Mensch den Mond, ein anderer Amerikaner stürzte mit seinem U-2-Spionageflugzeug vom Himmel. In Prag und Paris wurden Volksaufstände niedergeschlagen. In China tobte die Kulturrevolution. In Watts, Detroit, Bogside und am Grosvenor Square und vielen anderen Orten weltweit kam es zu Unruhen. Der Sechstagekrieg im Nahen Osten verschob die Grenzen Israels. Herztransplantationen, Mikrowellen und Skateboards waren sensationelle Neuheiten.

Viele berühmte Menschen fanden in den 1960ern ein gewaltsames Ende. Zwei Kennedys wurden erschossen. Martin Luther King jr. und Malcom X, zwei ganz unterschiedliche Anführer des schwarzen Amerika, wurden ermordet. Henrik Verwoerden, der Architekt der Apartheid, wurde erschlagen. Um den Tod des UN-Generalsekretärs Dag Hammarskjöld bei einem Flugzeugabsturz ranken sich noch immer Gerüchte. Patrice Lumumba wurde im Kongo umgebracht. Che Guevara wurde in Bolivien von jenen reaktionären Kräften erschossen, gegen die er sein kurzes Leben lang gekämpft hatte. Marilyn Monroe brachte sich mit Schlaftabletten um, Jayne Mansfield starb bei einem Autounfall.

Es war eine beschwingte Zeit, die Hochs waren besonders hoch und die Tiefs besonders tief.

Obwohl de Gaulle mit der FLN (*Front de libération nationale*) verhandelte, ging der schmutzige Krieg zwischen der Befreiungsbewegung und rechten Kolonialisten in **Algerien** weiter. (*Oben*) Französische Soldaten überwachen eine FLN-Demonstration in der Kasba von Algier, 14. Dezember 1960. (*Links*) Colonel Pierre Lagaillarde (rechts), der Anführer der rebellierenden französischen Truppen, ist zur Kapitulation bereit.

1960

In der Nacht des 29. Februar 1960 erschütterte ein schweres Erdbeben die marokkanische Stadt **Agadir**. 12 000 Menschen wurden getötet und ebenso viele verletzt. (*Links*) Rettungskräfte bergen ein Erdbebenopfer aus den Ruinen.

(*Oben*) Zur Identifizierung der Toten macht sich ein Gesundheitsbeamter Notizen über die gefundenen Leichen. Die meisten Opfer wurden umgehend in Gruben mit ungelöschtem Kalk begraben, um den Ausbruch von Seuchen zu verhindern.

Das Massaker von **Sharpeville** in Südafrika schockierte die Welt. Am 21. März 1960 versammelten sich rund 6000 Menschen in Sharpeville, um gegen die Passgesetze zu demonstrieren. Ohne Vorwarnung schoss die Polizei in die Menge, es gab 69 Tote und 180 Verletzte. (*Oben*) Tote und Verwundete liegen auf der Straße. (*Links*) Die Polizei transportiert den Leichnam einer getöteten Frau ab.

Im tiefen Süden Amerikas werden die **Proteste gegen die Rassentrennung** stärker. (*Links*) Diese Studenten aus Nashville, Tennessee, sind in Haft, weil sie ein Imbisslokal boykottiert hatten. (*Oben*) Der Besitzer eines Schnellrestaurants blickt auf sein leeres Lokal, Mai 1960.

29

Kalter Krieg. (*Links*) US-Pilot Gary Powers, dessen **U-2-Spionageflugzeug** im Mai 1960 über der UdSSR abgeschossen wurde. (*Oben*) Trümmer des Flugzeugs werden in Moskau ausgestellt. (*Rechts*) Der Rumpf der Maschine. Powers saß zwei Jahre im Gefängnis, bis er gegen einen Sowjetspion ausgetauscht wurde.

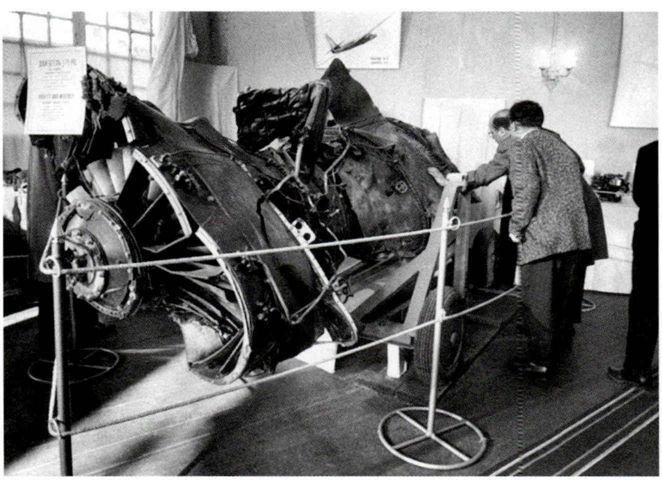

UN

Im gerade unabhängig gewordenen **Kongo** kam es zum Konflikt, als die belgische Regierung mithilfe von Soldaten die Ablösung der Provinz Katanga vom Rest des Landes betrieb. (*Links*) Schwedische UN-Soldaten auf dem Weg von Kairo nach Leopoldville, 20. Juli 1960. (*Oben*) Philippe Kanza (links) und André Mandi (Mitte) bei der Sitzung des UN-Sicherheitsrats über den Kongo.

Die **Olympischen Spiele in Rom** wurden als die bislang größten und besten gerühmt, allerdings entdeckte man hier auch die ersten Fälle von Doping. (*Rechts*) Zuschauer im Stadio dei Marmi in Rom, 26. August 1960. (*Oben*) Der deutsche Sprinter Armin Hary beim Start zum 100-m-Lauf der Männer, 1. September 1960.

U.S.A

Der Star der Spiele in Rom war **Wilma Rudolph**, die drei Goldmedaillen gewann. (*Links*) Rudolph gewinnt den 100-m-Lauf der Frauen, 1. September 1960. Der Amerikaner **Ralph Boston** (*rechts*) stellt einen neuen Weltrekord im Weitsprung auf.

(*Links*) Die USA waren beunruhigt, als sich der sowjetische Premier Nikita Chruschtschow (rechts) und der neue kubanische Staatschef **Fidel Castro** bei der UN in New York trafen, September 1960. (*Oben*) Viele Sympathisanten der kubanischen Revolution warteten bereits, um Castro in New York zu begrüßen.

Nach einer Phase der politischen Bedeutungslosigkeit keimten in den 1960ern in der Demokratischen Partei wieder Hoffnungen auf eine Rückkehr an die Macht. Ihr größter Hoffnungsträger war der charismatische John F. Kennedy, der es Nixon nicht leicht machen würde. (*Oben*) Jubel und Trubel beim **Parteikonvent der Demokraten** in Los Angeles, 31. Oktober 1960.

OHIO
KENNEDY
FOR
PRESIDENT
A TIME FOR GREATNESS
KENNEDY
FOR
PRESIDENT
WANT

Der Optimismus der Demokraten war begründet, **Kennedy** gewann die Präsidentschaftswahl mit knappem Vorsprung. (*Oben*) Kennedy (links) und Richard Nixon, die beiden Kandidaten für das Präsidentenamt, Oktober 1960. (*Rechts*) Der frisch gewählte Präsident, umringt von Freunden und Verwandten, hält seine Siegesrede in Hyannisport, Massachusetts, November 1960.

EW YOR

Die goldenen Jahre des **Baseballs**. Mickey Mantle (*links*) erholt sich, nachdem er in den World Series gegen die Pirates zwei Home Runs für die Yankees erzielt hat, 10. Januar 1960. Am gleichen Tag blicken Studenten der University of Pittsburgh auf das weit entfernte Spielfeld und feuern die Pirates an.

Die Filmsensation von 1960 war Alfred Hitchcocks ***Psycho***. (*Links*) Janet Leigh schreit, unterlegt von Bernard Herrmanns schriller Filmmusik, in der berühmten Duschszene. (*Rechts*) Hitchcock mit einer Klappe am Filmset von *Psycho*, 29. Januar 1960.

1961

Das Sharpeville-Massaker war nicht vergessen. (*Links*) Der südafrikanische Premierminister Hendrik Verwoerd und seine Frau beim Abflug aus Kapstadt am 21. Februar 1961 zur Commonwealth-Konferenz in London. Einen Monat später trat **Südafrika** aus dem Commonwealth aus. (*Oben*) Südafrikaner demonstrieren während eines Besuchs des UN-Generalsekretärs in Pretoria, 10. Januar 1961.

Science-Fiction wurde wahr, als am 12. April 1961 der sowjetische Kosmonaut **Juri Gagarin** (*rechts*) als erster Mensch ins Weltall reiste und die Erde in dem Raumschiff Wostok 1 umkreiste. Gagarins Flug dauerte 108 Minuten und machte ihn weltweit berühmt. (*Oben*) Londoner Büroangestellte lesen von Gagarins Flug.

Unterstützt von den USA und gelenkt von der CIA versuchte am 17. April 1961 eine Armee von Söldnern und Exilkubanern, auf Kuba zu landen. Die **Invasion in der Schweinebucht** scheiterte kläglich. (*Rechts*) Rund 1170 Gefangene werden in Havanna unter freiem Himmel von einem Militärgericht abgeurteilt. (*Oben*) Fidel Castro bei einer Pressekonferenz nach Verhandlungen über Lösegeldzahlungen für die Gefangenen im Juni 1961. Sie kamen schließlich im Austausch gegen medizinische Hilfe im Wert von 53 Millionen Dollar frei.

Die Bürgerrechtsbewegung im Süden der USA war weiterhin aktiv. (*Oben*) Bewacht von zwei Nationalgardisten fahren Julia Aaron und David Dennis mit weiteren 25 **Freedom Riders** in einem Bus von Montgomery, Alabama, nach Jackson, Mississippi, Mai 1961.

In **Montgomery** hatten bereits in den 1950ern die ersten Busboykott-Aktionen stattgefunden, es war noch immer ein Zentrum der Bewegung. Die Reaktionen der Gegenseite wurden heftiger, und 1000 Weiße attackierten die Freedom Riders. (*Oben*) Weiße Gegner der Rassenintegration versammeln sich in den Straßen von Montgomery, Mai 1961.

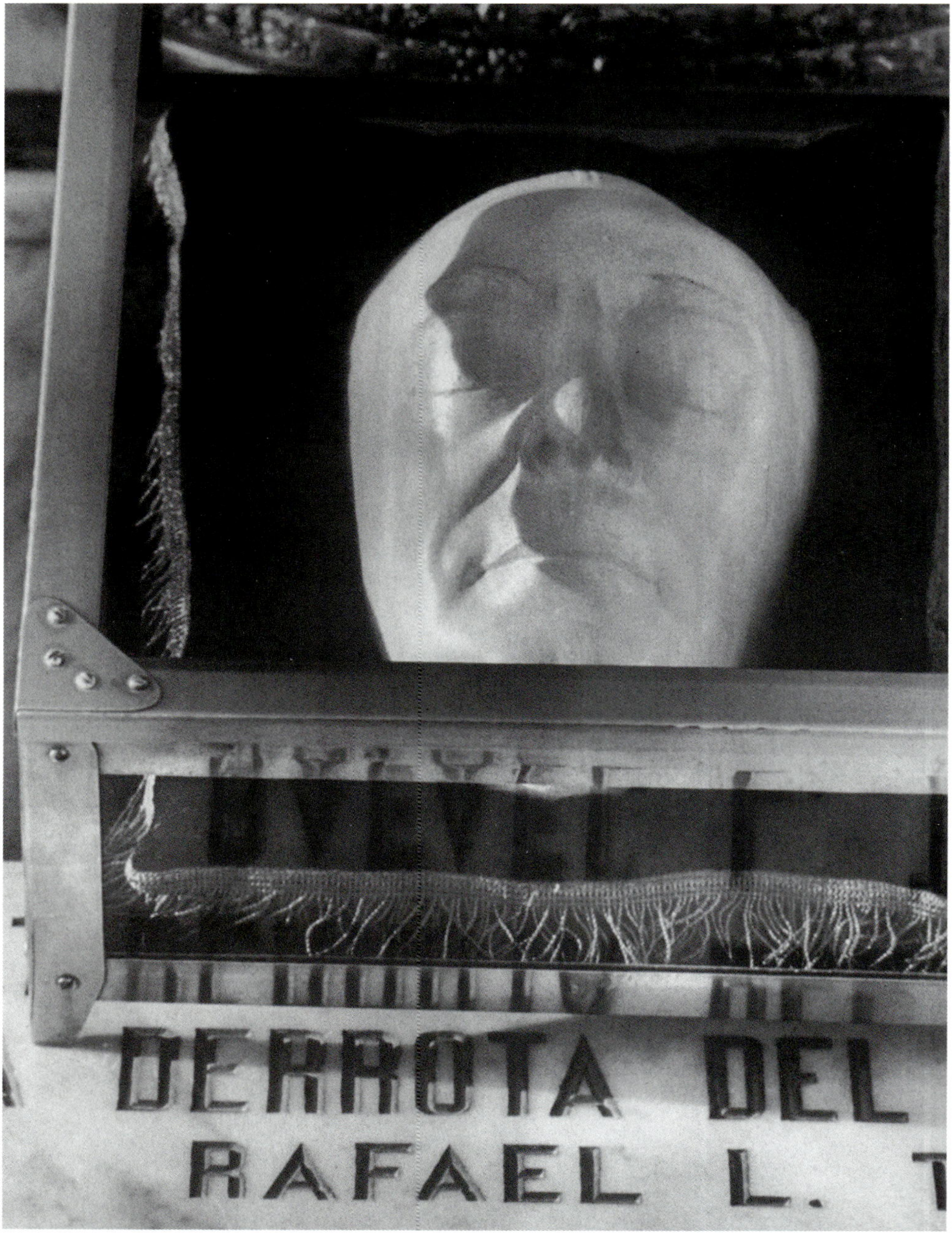
DERROTA DEL
RAFAEL L. T

Auf Befehl von General Jaun Díaz töteten am 30. Mai 1961 sieben Attentäter den skrupellosen Diktator der Dominikanischen Republik **Rafael Trujillo**. Ein Versuch, das Trujillo-Regime wiederherzustellen, scheiterte im gleichen Jahr. (*Oben*) Die Beisetzung von Trujillo im Juni 1961, (*links*) Trujillos Totenmaske.

THE MURDER OF
LUMUMBA
EXPOSES true
NATURE OF
COLONIALISM

Am 12. Februar 1961 erschienen Meldungen über die Ermordung von **Patrice Lumumba**, des marxistischen Premiers im Kongo. Man verdächtigte seinen Rivalen Moïse Tshombé als Hintermann. (*Links*) Ein Demonstrant vor dem UN-Gebäude in New York. Ein noch größeres Geheimnis umgab den Tod des UN-Generalsekretärs **Dag Hammarskjöld** (*rechts*) bei einem Flugzeugabsturz im Norden Rhodesiens (heute Simbabwe) am 18. September 1961. Viele glauben noch heute an eine gemeinsame Aktion von CIA, MI5 und des südafrikanischen Geheimdienstes.

Der Tod Lumumbas brachte der Bevölkerung des Kongo keine Erleichterung. **Moïse Tshombé** (*rechts*), der Provinzpräsident von Katanga, wurde kurz inhaftiert, kämpfte dann aber weiter für die Unabhängigkeit Katangas. (*Oben*) Vor dem US-Konsulat treiben Katanga-Soldaten Mitglieder der Baluba Jeunesse auseinander, Dezember 1961. Die jungen Kämpfer der Baluba Jeunesse hatten zuvor Lumumba unterstützt.

Sieben Jahre nach Abzug der Franzosen tobte in **Vietnam** noch immer ein Bürgerkrieg. Die USA verfolgten im Kalten Krieg die Strategie, sich dem verhassten Kommunismus überall entgegenzustellen, in ihrem „Hinterhof" Kuba ebenso wie auf jedem anderen Fleck der Erde.

Bald nach dem Amtsantritt von Kennedy fiel die Entscheidung, zur Unterstützung der Südvietnamesen in ihrem Kampf gegen den kommunistischen Norden **US-Militärberater** nach Vietnam zu schicken. (*Oben*) Südvietnamesische Soldaten werden von US-Beratern im Guerillakampf trainiert. (*Links*) Vietnamesische Soldaten bei der Ausbildung.

Adolf Eichmann, unter dem Naziregime verantwortlich für die Deportation Tausender Juden in Konzentrationslager, entkam 1945 nach Argentinien. Dort fassten ihn 1960 israelische Agenten und brachten ihn nach Israel, wo er wegen „Verbrechen gegen die Menschlichkeit" zum Tode verurteilt wurde. (*Oben*) Eichmann bereitet seine Verteidigung vor, 12. April 1961. (*Links*) Mordehai Grynszpan, ein polnischer Zeuge im Eichmann-Prozess.

Ein glückliches Lebensgefühl äußerte sich in den 1960ern bevorzugt im Tanz, gleich welcher Stilrichtung. Das westliche Ballett bekam neue Impulse, als sich **Rudolf Nurejew** (*links*) aus der Sowjetunion nach Frankreich absetzte. Der von Chubby Checker bekannt gemachte **Twist** war 1961 der angesagte Tanz. (*Rechts*) *„Twistin' time is here"* mit Checker auf der Tanzfläche des Crescendo-Nachtklubs in Los Angeles, 16. November 1961.

Letztes Jahr in Marienbad von Alain Resnais wurde 1961 als hochkünstlerischer Film gefeiert. Kassenschlager waren West Side Story und Blake Edwards ***Frühstück bei Tiffany*** mit Audrey Hepburn. (*Links*) Hepburn in dem von Givenchy entworfenen schwarzen Cocktailkleid aus dem Film. Ein europäischer Erfolgsfilm war Federico Fellinis ***La Dolce Vita (Das süße Leben)***. (*Rechts*) Marcello Mastroianni (links) und Fellini posieren vor einem Filmplakat.

Die Berliner Mauer

Berlin wurde zunehmend als kritisch-sensible Frontlinie zwischen Ost und West erachtet. Der Westsektor bildete eine Insel des „Kapitalismus" inmitten der kommunistischen DDR. Immer noch herrschten die vier Siegermächte in der Stadt: Frankreich, Großbritannien, die USA und die UdSSR. Der Übertritt zwischen dem Sowjetsektor und dem Westteil wurde streng kontrolliert, doch Verzweifelte und Wagemutige nutzten jede Chance, um die DDR zu verlassen. Die DDR sah darin eine wachsende Bedrohung für ihre Ökonomie und begann am 13. August 1961 mit dem Bau der Berliner Mauer. Sie sollte die Stadt 28 Jahre lang teilen.

(*Rechts*) Im Sommer vor dem Mauerbau unterhalten sich junge Westberlinerinnen mit ihren Großeltern in Ostberlin. (*Oben*) Eine DDR-Baubrigade beim Hochmauern des „antifaschistischen Schutzwalls", Sommer 1961.

KINO
KINO
KINO
KINO
106

Die Zahl der Flüchtlinge wuchs. (*Links*) Eine Frau seilt sich von einer Wohnung in der Bernauer Straße in den freien Westen ab, 10. September 1961. (*Oben*) US-Soldaten überwachen den Checkpoint Charlie, Februar 1961. Er blieb auch nach dem Mauerbau ein offizieller Grenzübergang zwischen Ost- und Westberlin. (*Rechts*) Durch die Mauer wurde die Flucht riskanter. Westberliner Polizisten bringen einen geflüchteten Jugendlichen in Sicherheit, Oktober 1961.

Die Mauer war sehr hoch und zusätzlich mit Stacheldraht bewehrt. (*Oben*) Ein Abschnitt der Mauer am Potsdamer Platz. (*Links*) Ein DDR-Grenzposten begutachtet ein Loch in der Mauer. Die Fluchtwilligen ließen sich auch von strenger Bewachung und ständigen Patrouillen nicht abschrecken. (*Rechts*) Nicht jeder kam durch: Ein Kranz aus Stacheldraht an einem Gedenkkreuz für einen, der bei der Flucht in die Freiheit starb, August 1962.

DEM

Nach einem dreijährigen Astronautentraining umkreiste Oberstleutnant **John Glenn** als erster Amerikaner die Erde. Bei seinem Raumflug in der Kapsel Friendship 7 kam Glenn bei der Mission Mercury-Atlas 6 auf drei Erdumrundungen. (*Oben*) Glenn steigt in die Raumkapsel, 20. Februar 1962. (*Rechts*) Glenn nach seiner Rückkehr im Triumphzug mit Präsident Kennedy – sein Pionierflug machte ihn zu einem Nationalhelden.

Der **algerische Unabhängigkeitskrieg** erreichte 1962 seinen blutigen Höhepunkt. Die Franzosen stationierten bis zu 500 000 Soldaten in Algerien, doch selbst das reichte nicht. Zwei Bilder vom März 1962. (*Links*) Ein toter Mann, Mitglied der FLN oder OAS, liegt auf einer Straße in Algier. (*Rechts*) Ein Plakat fordert „Frieden in Algerien für unsere Kinder".

RINCE DE GA
POUR NOS ENFANTS
LA PAIX EN ALGERIE

Die Kämpfe in Algerien endeten zunächst im März 1962 nach geheimen Friedensgesprächen in Évian-les-Bains. Mitglieder aus de Gaulles Regierung und Vertreter der provisorischen Regierung Algeriens unter Führung von Ben Bella verständigten sich auf einen Waffenstillstand und ein **Referendum** über die Unabhängigkeit.

Das Referendum fand in Frankreich wie in Algerien große Unterstützung. (*Links*) Algerische Frauen stellen sich für die Abstimmung an, 3. Juli 1962. (*Oben*) Die Menge jubelt **Mohammed Ahmed Ben Bella** zu, dem Gründer der FLN und Präsidenten des neuen Staates.

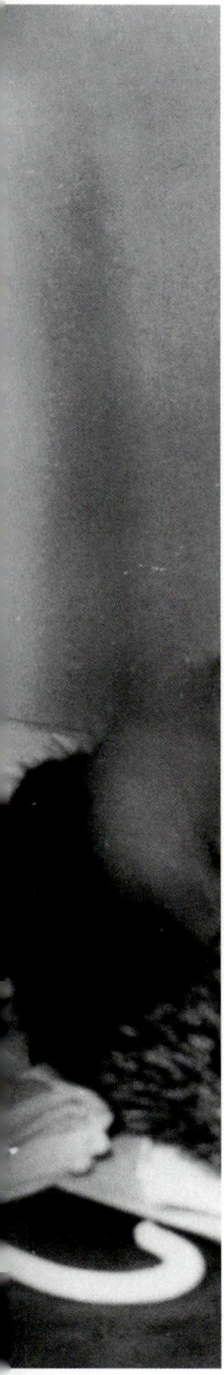

Mit **Marilyn Monroes Tod** ging ein gleichermaßen von Schmerz und Ruhm erfülltes Leben zu Ende. Sie wurde nur 36 Jahre alt. Zunächst wurde allgemein die These eines Selbstmords akzeptiert, bald danach tauchten aber verschiedene Verschwörungstheorien auf. (*Links*) Das Zimmer, in dem sie starb. (*Oben*) Schlagzeilen zweier New Yorker Zeitungen mit der Todesnachricht. Die Lettern waren für die damalige Zeit außergewöhnlich groß.

In den Südstaaten wurde weiter um Freiheit und Unterdrückung gekämpft. Im September 1962 wurde **James Meredith** (*oben*) als erster Afroamerikaner an der University of Mississippi zugelassen, allerdings mussten ihm mehrere US-Marshalls den Weg bahnen. (*Links*) Eine Meredith symbolisierende Puppe hängt neben einer Flagge der Konföderierten an der Universität.

Das **Zweite Vatikanische Konzil** der römisch-katholischen Kirche wurde im Oktober im Petersdom eröffnet (*rechts*). Papst Johannes XXIII. hatte es einberufen, um die Kirche an die Gegebenheiten der modernen Zeit anzupassen. (*Links*) Papst Johannes XXIII. verfolgt von einem Thron unter dem Bernini-Baldachin die Eröffnungszeremonie des Konzils.

Im Oktober 1962 entdeckte die amerikanische Luftaufklärung, dass die UdSSR in **Kuba** eine Stellung für Atomraketen errichtet hatte und bereits Raketen auf dem Weg dorthin waren. Präsident Kennedy ordnete sofort die **Blockade** der Insel durch die US-Marine an. (*Oben*) Amerikaner verfolgen in einem TV-Laden die Ankündigung der Blockade durch den Präsidenten.

Die Blockade verschärfte die sogenannte **Kubakrise**. In den kommenden Tagen schien ein nuklearer Schlagabtausch unvermeidbar. Dies war vielleicht die dramatischste Episode im Kalten Krieg, und überall auf der Welt betete man für Frieden. (*Oben*) Mitglieder der Campaign for Nuclear Disarmament (Kampagne für nukleare Abrüstung) in London bei einem Protestmarsch gegen Kennedys Vorgehen, 28. Oktober 1962.

878

Intensive Verhandlungen zwischen Kennedy und dem Sowjetchef Nikita Chruschtschow führten zur Umkehr der **Frachtschiffe mit den Raketen** in die UdSSR. Diese Entscheidung könnte die Welt gerettet haben. (*Links*) Der Sowjetfrachter Iwan Polzunow mit Raketen an Bord wird von dem Zerstörer USS Vesole der US-Marine eskortiert und zurückgeschickt, 10. November 1962.

In einer insgesamt unruhigen Welt standen auch andere Staaten kurz vor gewaltsamen Konflikten. Nach Grenzzwischenfällen zwischen **Indien** und der **Volksrepublik China** drohte Ende 1962 ein Krieg. (*Rechts*) Flüchtlinge aus der indischen Grenzregion treffen in Tezpur ein, 22. November. (*Links*) Frauen des indischen Heimatschutzes beim Waffentraining in Tezpur während der Krise, 15. November.

Unerschrocken: 1962 tauchte in ***James Bond jagt Dr. No*** erstmals der ebenso elegante wie smarte Agent 007 auf der Leinwand auf. Der Film war ein riesiger Erfolg. Sean Connery war nun – ob er wollte oder nicht – über viele Jahre auf ein Filmleben bestehend aus Martinis, Frauen und Abenteuern festgelegt. (*Oben*) Ein kleines Missverständnis zwischen CIA und MI5 – Jack Lord bedroht Connery mit einer Pistole.

Der spektakulärste Film des Jahres 1962 war David Leans ***Lawrence von Arabien***, die verfilmte Biografie des Schriftstellers und Abenteurers T. E. Lawrence. Regisseur Lean, Kameramann Freddie A. Young und Komponist Maurice Jarre erhielten dafür Oscars. (*Oben*) Eine Begegnung von Peter O'Toole als Lawrence (links) mit Omar Sharif als Scheich Sherif Ali.

1963

Konrad Adenauer war Mitbegründer der CDU und seit 1949 Bundeskanzler der Bundesrepublik Deutschland. Ende der 1950er kam es zu Spannungen mit dem Vizekanzler und Wirtschaftsminister **Ludwig Erhard**, der 1963 sein Nachfolger als Kanzler wurde. (*Rechts*) Adenauer deutet bei einer Bundestagsdebatte auf Erhard. (*Links*) Erhard, wie gewohnt mit Zigarre, am Schreibtisch im Kanzleramt, September 1963.

Eine der letzten Amtshandlungen von **Papst Johannes XXIII.** war die Veröffentlichung der Enzyklika *Pacem in terris* (Frieden auf Erden) mit der Forderung nach Aussöhnung zwischen Ost und West. Als er kurz danach starb, trauerten neben Katholiken auch viele andere weltweit um ihn. (*Rechts*) Diese Doppelbelichtung zeigt den aufgebahrten Johannes XXIII. mit der Figur der heiligen Veronika von Francesco Mochi im Hintergrund, Juni 1963.

Walentina Tereschkowa-Nikolajewa, zuvor Arbeiterin in einer Baumwollspinnerei, kam 1962 in die sowjetische Kosmonautengruppe. Nachdem sie als erste Frau die Erde umkreist hatte, wurde sie Heldin der Sowjetunion und in einem sowjetischen Popsong verewigt. Während ihrer dreitägigen Mission steuerte sie alleine die Raumkapsel Wostok 6, sie kehrte am 19. Juni 1963 zur Erde zurück.

(*Links*) Tereschkowa im Raumanzug kurz vor dem Start im Kosmodrom Baikonur (Tjuratam). „Walja, meine Liebe, du bist noch höher a s der Kreml." (*Oben*) Eine Menschenmenge auf dem Roten Platz in Moska. begrüßt nach ihrer Rückkehr Tereschkowa und Waleri Bykowski, der im gleichen Jahr einen Rekord für Alleinflüge ins All aufgestellt hatte, 24. Jun 1963.

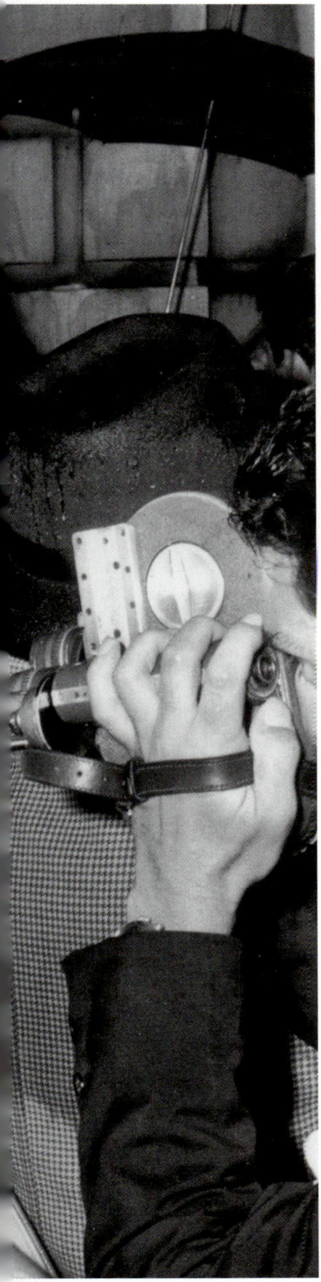

Der **Profumo-Skandal** bedeutete für Zeitungen und Leserschaft in Großbritannien Schock und Vergnügen zugleich, und er brachte die Regierung zu Fall. Hauptakteure waren Christine Keeler, ein Callgirl (*links*), der Heeresminister John Profumo (*oben*, mit seiner Frau Valerie Hobson) und Eugene Ivanow, ein sowjetischer Marineattaché in London.

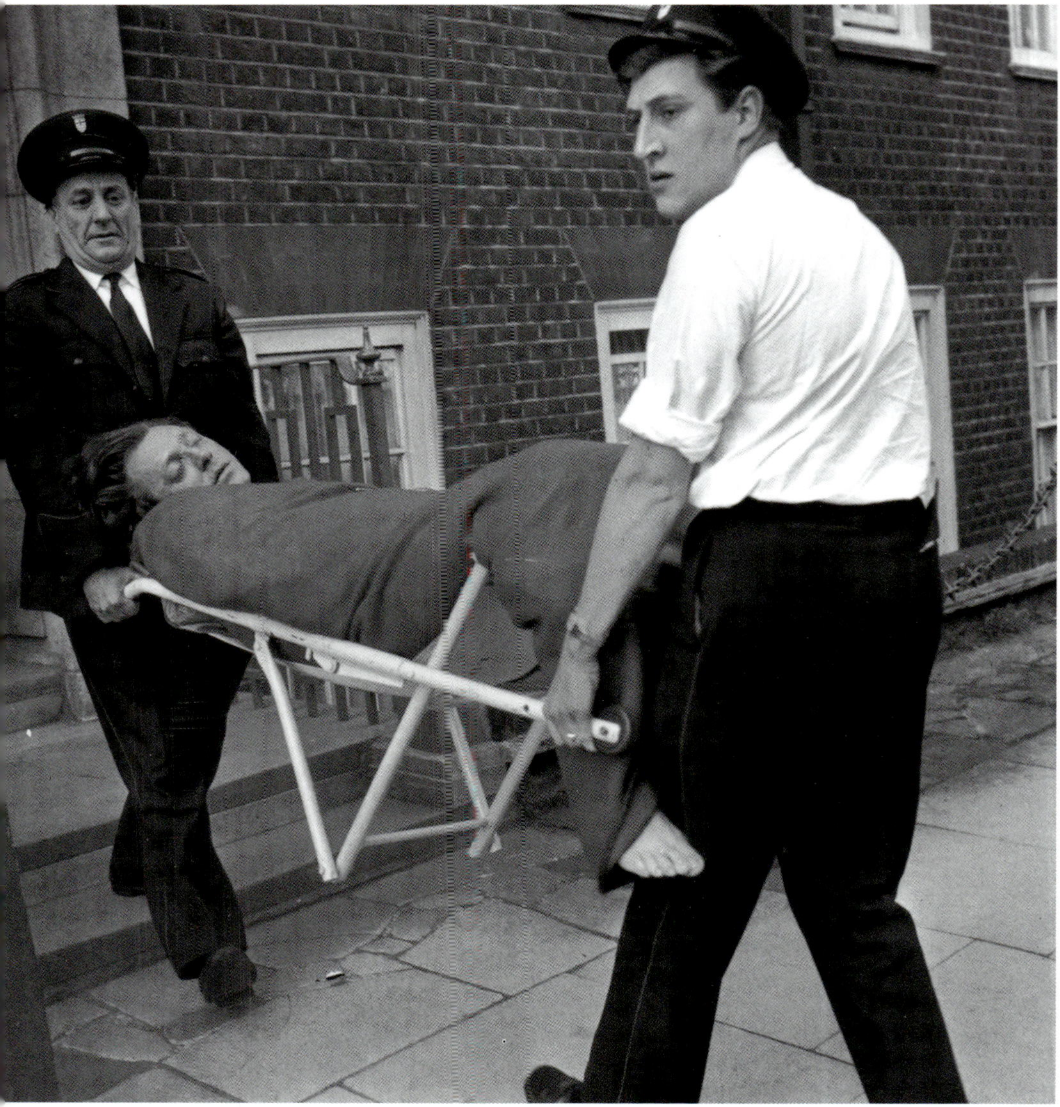

Der Vierte im Bunde war der Osteopath und Kunsthändler **Stephen Ward**, der Keeler Profumo vorgestellt hatte. Der Skandal eskalierte, als Profumo das Unterhaus belog und Ward wegen gewerbsmäßiger Unzucht verhaftet und angeklagt wurde.

Ward wurde schuldig gesprochen, beging aber vor der Verurteilung Selbstmord. (*Links*) Ward wird ins Krankenhaus eingeliefert, 31. Juli 1963. (*Oben*) Keelers Freundin **Mandy Rice-Davies**, ebenfalls ein Callgirl, bei der Präsentation ihrer Biografie *The Mandy Report*.

Berlin blieb Brennpunkt der Spannungen zwischen Ost und West. Am 26. Juni 1963 besuchte Präsident Kennedy **Westberlin** und hielt eine Rede, in der er die Bedeutung der Stadt hervorhob. Berühmt wurde die Rede, weil der Präsident hierbei den oft zitierten Satz „Ich bin ein Berliner“ sprach und damit – nicht zuletzt wegen des Versprechers – die Sympathien der Berliner Bevölkerung gewann.

Die jugoslawische Stadt **Skopje** hatte im Zweiten Weltkrieg schweren Schaden genommen, 20 Jahre später zerstörte ein dreistündiges Erdbeben die Stadt. Mehr als 1000 Menschen wurden getötet, 170000 wurden obdachlos. (*Oben*) Soldaten und Arbeiter suchen nach Überlebenden 26. Juli 1963. (*Rechts*) Ein Kind sitzt in den Ruinen seines Hauses.

1963

AB 908

Am 8. August 1963 stoppten Gangster den nächtlichen Postzug von Glasgow nach London, überwältigten den Fahrer und schnappten sich 120 Postsäcke, die 2,5 Millionen Pfund enthielten. Die Bande war mindestens ebenso sorglos wie wagemutig, sie hinterließ Fingerabdrücke in einem Farmhaus in der Nähe. (*Links*) Der Tatort des **Großen Zugüberfalls**, die Brücke bei Sears Crossing. (*Oben*) Acht Tage nach dem Raub führt die Polizei Bandenmitglieder auf der Linslade Farm ab.

Ein Höhepunkt der Bürgerrechtsbewegung war der **Marsch nach Washington** für Arbeit und Freiheit. Mehr als 200000 Menschen versammelten sich in Washington DC, um eine der berühmtesten Reden („I have a dream …") des 20. Jahrhunderts zu hören. (*Rechts*) Demonstranten füllen den Platz vor dem Washington Monument. (*Oben*) Martin Luther King spricht zu den Marschierern: „Das wird der Tag sein, an dem alle Kinder Gottes singen können … ‚Mein Land von dir, du Land der Freiheit …'"

26000.
U.S. AIR FORCE

(*Links*) Die Kennedys kommen in Love Field an. (*Oben*) Auf der Fahrt durch Dallas, wenige Sekunden vor den Schüssen (von links nach rechts): John F. Kennedy, Jacqueline Kennedy, der texanische Gouverneur John Connally und seine Frau Nellie, 22. November 1963.

Nach der Ermordung des 35. US-Präsidenten in Dallas wurde sein Nachfolger innerhalb von zwei Stunden, die von Gewalt, Konfusion, Panik und Entsetzen bestimmt waren, an Bord der Air Force One vereidigt. Auch fast ein halbes Jahrhundert danach hat sich Amerika nicht völlig von diesem Ereignis erholt, immer wieder gab es Gerüchte darüber, wer letztlich für das Attentat verantwortlich war. Der Tod Kennedys war einer jener Momente des 20. Jahrhunderts, der die Zeit anhielt. Der Feuerstoß in der texanischen Stadt zerstörte nicht nur die Hoffnungen vieler Amerikaner, sondern auch vieler Menschen weltweit.

(*Oben*) New Yorker Pendler lesen vom Tod des Präsidenten. (*Links, oben*) Anfangs schienen die Fakten klar und sicher zu sein. Lee Harvey Oswald wird in Haft genommen – zwei Tage später wurde er von Jack Ruby erschossen. (*Links, unten*) Ein Detektiv hält den italienischen Mannlicher-Carcano-Karabiner hoch, mit dem Oswald angeblich Kennedy erschoss.

Es ging alles sehr schnell: der Mord, der Flug zurück nach Washington, die Obduktion und dann die Beisetzung. (*Links*) Jacqueline Kennedy verlässt mit ihren Kindern John jr. und Caroline das Weiße Haus, um an der Beisetzung teilzunehmen, 25. November 1963. (*Oben*) Gemeinsam mit Jacqueline Kennedy, flankiert von den Brüdern ihres Mannes, Edward (links) und Robert, trauert eine ganze Nation.

SPQR

Es war der teuerste Film aller Zeiten (bis 1999), mit über vier Stunden einer der längsten, und von der Kritik wurde er zerrissen. Sein Star sagte über Joseph Mankiewicz' ***Kleopatra***: „... das bizarrste Unterhaltungsstück überhaupt ..." (*links*) Elizabeth Taylor als Kleopatra (vorne, mit dem Rücken zur Kamera) blickt auf ihr Volk. (*Rechts*) Rex Harrison als Caesar mit Taylor in einer hochpolitischen Szene des Films.

Am 25. Februar 1964 holte sich **Cassius Clay** durch einen Sieg über Sonny Liston in Miami den Boxweltmeistertitel im Schwergewicht. (*Rechts*) Cassius ruft, „Ich bin der Größte", als seine Sekundanten im Moment des Triumphs zu ihm stürmen. (*Oben*) Malcolm X flüstert Clay etwas ins Ohr. Vielleicht war dies der Auslöser für Clay, seinen Namen in Muhammad Ali zu ändern.

Die **New Yorker Weltausstellung** von 1964 (*oben*) war als „Messe des Raumzeitalters“ angekündigt und stand unter dem Motto „Frieden durch Verständigung“. Die Messe belegte fast 2,5 Quadratkilometer und zog 51 Millionen Besucher an. Ihr Zentrum bildete die Unisphere, eine riesige Weltkugel aus Edelstahl (*links*).

Martin Luther King hatte ein Jahr zuvor Mississippi als einen „in Ungerechtigkeit dahinbrütenden" Staat beschrieben. Im Juni 1964 verschwanden drei **Aktivisten der Bürgerrechtsbewegung**. Wochen später fand man ihre Leichen in Neshoba County, Mississippi. (*Oben*) Der ausgebrannte Kombi, in dem die drei jungen Männer zuletzt lebend gesehen wurden. (*Rechts*) Demonstranten halten beim demokratischen Parteitag im August 1964 Bilder der Opfer hoch (von links nach rechts): Andrew Goodman, James Chaney und Michael Schwerner.

ONE MAN-
The
FREEDOM NOW SEAT
Make War On Prejudice And Poverty
FOR FDP
SEAT MISSISS
LBJ USA
F.D.P. Deserves your
FREEDOM

Nach 13 Jahren in der Opposition gelang der Labour Party in Großbritannien, die sich ein betont modernes Image gab, bei den Parlamentswahlen 1964 die Rückkehr an die Macht. (*Oben*) Der Labour-Chef **Harold Wilson** unterhält sich bei der Verleihung eines Unterhaltungspreises in London mit den Beatles, 19. März 1964. (*Links*) Wilson auf Wahlkampftour in Wales.

Amtsinhaber Lyndon Johnson von den Demokraten und der republikanische Kandidat Barry Goldwater traten 1964 bei den **US-Präsidentschaftswahlen** gegeneinander an. (*Links*) Goldwater macht Wahlkampf in Santa Barbara, Kalifornien. (*Rechts*) Johnson und Vizepräsident Hubert Humphrey (rechts) feiern im November ihren Sieg mit Spareribs in Austin, Texas.

HA OUR RESTAURANT

In Großbritannien tobte in den 1960ern ein Modekrieg zwischen Mods (adrette Kleidung – italienische Motorroller) und Rockern (Lederkluft – schwere Motorräder). Meist äußerte sich die Rivalität eher harmlos (*oben*), doch in den Seebädern kam es zu erbitterten Schlägereien. (*Links*) **Mods und Rocker** prügeln sich in Hastings, 3. August 1964. (*Unten*) Eine Schlägerei am Strand von Margate, 18. Mai.

THE MOD MALE

Es war die große Zeit der **Stilgurus**, die es dank renommierter Modeboutiquen und Salons rasch zu Ruhm brachten. (*Links*) John Stephen vor seinem Geschäft The Mod Male, das auf die Klientel mit Anzug und Motorroller abzielte, Juli 1964. (*Oben*) Zwei der ganz Großen in Londons Modeszene: Vidal Sassoon verpasst Mary Quant einen Haarschnitt, 18. November.

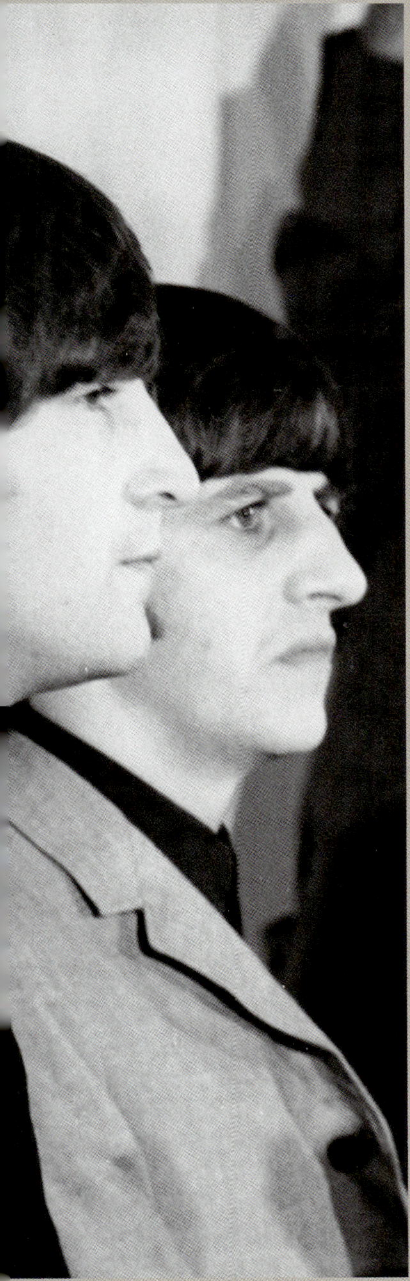

Kein Phänomen belegt besser die herausgehobene Stellung der Jugend in den 1960ern als der Aufstieg der Beatles. In weniger als vier Jahren schafften es die Fab Four, unterstützt von ihrem Manager Brian Epstein und dem Musikproduzenten George Martin, von einem Hamburger Musikklub zu einem weltweiten Publikum. Es begann mit *Please Please Me*, dann kamen *A Hard Day's Night*, *Sergeant Pepper* und so weiter – die Beatlemania hatte die begeisterten jungen Fans gepackt. Und der Erfolg von John, Paul, George und Ringo wuchs in den 1960ern immer weiter, es schien für immer so weiterzugehen.

(*Links*) Die Beatles bei einer Pressekonferenz in San Francisco, August 1964. (*Oben*) Zwei Fans erwarten gespannt die Ankunft der Gruppe in New York, 10. Februar 1964.

UNDERGROUND

Wo sie auftauchten, zogen die Beatles Menschenmassen an, deren Begeisterung oft in Hysterie umschlug. Immer für eine Frechheit gut, selbst wenn sie geschmacklos sein sollte, scherzte Lennon einmal, sie wären „populärer als Jesus“. Ganz sicher waren sie populärer als irgendwer sonst auf der Welt. (*Links*) Vor der Premiere von *A Hard Day's Night* im London Pavillon muss die Polizei die Fans zurückhalten, 7. Juli 1964. (*Oben*) Standfoto aus einem Film unter Regie von Richard Lester (von links nach rechts): Paul, George, Ringo und John.

Fast auf dem Gipfel angekommen ... die Beatles erobern Anfang 1964 die Staaten. (*Rechts*) Beim Abflug in London Heathrow, 7. Februar 1964. (*Links*) 48 Stunden später in New York mit Ed Sullivan, der sie in seiner TV-Show begrüßt, 9. Februar. (*Oben*) Und wieder ein neuer Tag im Leben der Beatles – im Washington Coliseum, 13. Februar.

PAN AME
PAN AM
EFIANCE

Die **Rolling Stones** waren die schärfsten britischen Konkurrenten der Beatles. (*Rechts*) Die Stones am Hanover Square in London (von rechts nach links): Mick Jagger, Keith Richards, Bill Wyman, Brian Jones und Charlie Watts. (*Oben*) In den USA waren die **Beach Boys** die Stargruppe (von rechts nach links): Carl Wilson, Brian Wilson, Mike Love, Al Jardine und Dennis Wilson.

MAHARAJAH
SERVICE
AIR-INDIA

Motown war die andere große Musikrichtung der Sixties. (*Links*) **Die Supremes** im Oktober 1964 (von links nach rechts): Mary Wilson, Diana Ross und Florence Ballard in den Tagen von *Baby Love*. (*Oben*) **Motown**-Gründer Berry Gordy in den Motown-Studios am Piano, mit dabei Smokey Robinson (im Hintergrund) und der junge Stevie Wonder (Zweiter von rechts).

Die Olympischen Spiele 1964 fanden in Tokio statt. Einer der Stars war der neuseeländische Leichtathlet **Peter Snell**, der als erster Läufer seit den Spielen 1920 in Antwerpen Gold über 800 und 1500 m bei den Männern holte. (*Rechts*) Das Finale im 1500-m-Lauf: Snell trägt die Nummer 466, sein Landsmann John Davies mit der 467 gewann Bronze.

NO
REC
499
16

5

(*Links*) **Sheila Matthews** winkt dem Publikum zu, nachdem ihr Mann **Ken** Gold für Großbritannien im 20-km-Gehen gewonnen hat. Zuvor hatte sie ihm den längsten Kuss in der olympischen Geschichte gegeben. (*Oben*) **Waleri Brumel** aus der UdSSR erzielte mit 2,18 m einen neuen olympischen Rekord im Hochsprung, 21. Oktober 1964. (*Rechts*) Der schwedische Radfahrer **Gösta Petterson** bekommt während des Rennens frischen Proviant, 23. Oktober.

Goldfinger war der Titel des Bond-Films von 1964. Leider segnete die goldbemalte Shirley Eaton (*rechts*) darin schon früh das Zeitliche. Einen geeigneten Bond-Bösewicht hätte auch Dr. Strangelove (*links*) abgeben können, wie ihn Peter Sellers in ***Dr. Seltsam oder: Wie ich lernte, die Bombe zu lieben*** verkörperte.

60 Tage nachdem er den Friedensnobelpreis erhalten hatte, kam Martin Luther King jr. in Selma, Alabama, ins Gefängnis. Mit anderen organisierte er einen **Marsch von Selma nach Montgomery**, um das Wahlrecht der Schwarzen zu unterstützen. Zweimal hatte man den Marsch untersagt. (*Oben*) Am 21. März 1965 zogen die Demonstranten dann los. (*Links*) Polizeikräfte sichern das Capitol Building in Montgomery, 25. März.

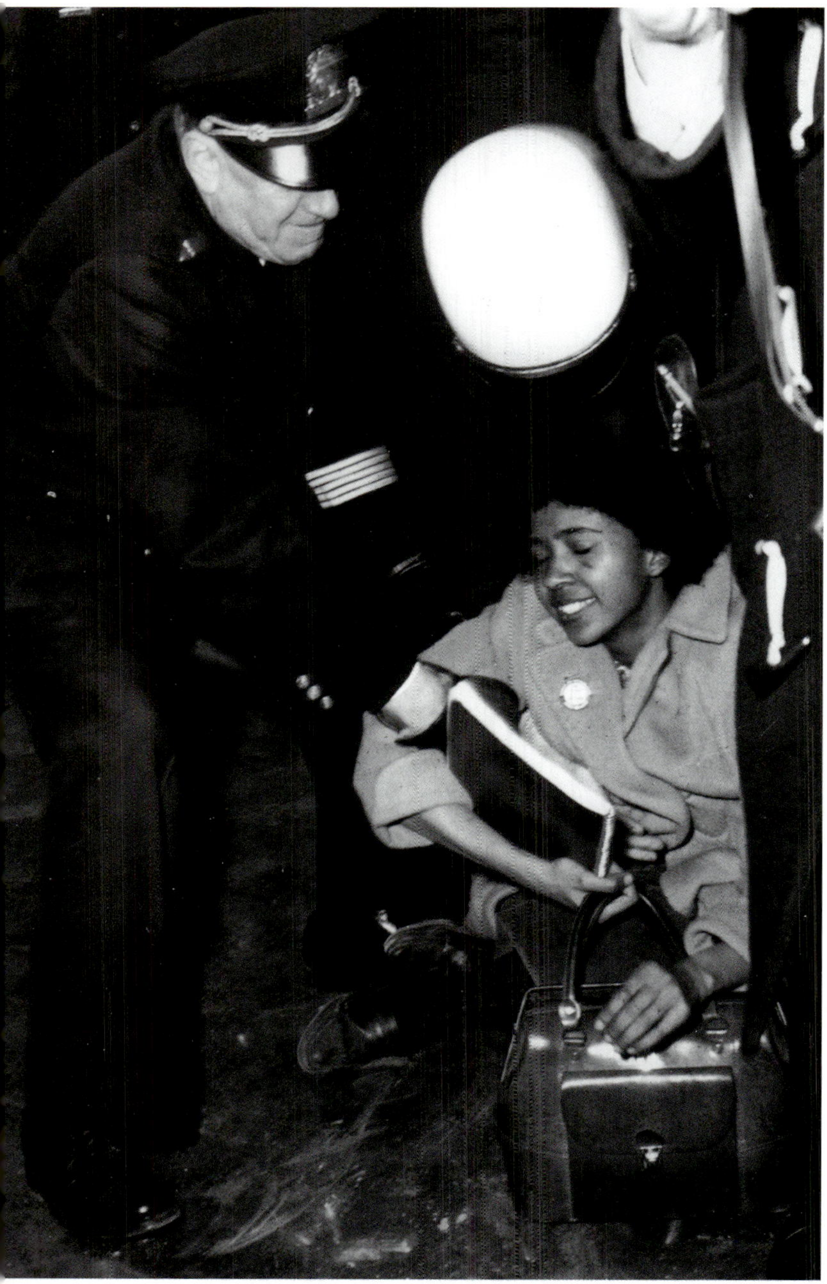

Es gab heftigen Widerstand von Weißen gegen den Protestmarsch, besonders die örtliche Polizei tat sich dabei unrühmlich hervor. **James Reeb**, ein unitarischer Pfarrer und Unterstützer Kings wurde in Selma zu Tode geprügelt. (*Links*) Eine Demonstrantin wird vor dem Weißen Haus verhaftet. (*Rechts*) Eine große Demonstration in Los Angeles klagt den Tod Reebs an, März 1965.

CORE

Der Wettlauf im Weltall erlebte mit den **Weltraumspaziergängen** amerikanischer und sowjetischer Astronauten einen Sprung nach vorne. (*Oben*) Alexei Leonow an Bord von Woschod 2, von wo er den ersten Spaziergang ins All antrat. (*Rechts*) Edward White schwebt als erster Amerikaner 160 km über der Erde im All, 3. Juni 1965.

Acht Jahre nach Baubeginn wurde der **Montblanc-Tunnel** im Juli 1965 fertiggestellt. Der 11,6 km lange und 8,6 m breite Tunnel unter dem höchsten Berg der Alpen verbindet Chamonix in Frankreich mit Courmayeur in Italien. Er war damals der längste Tunnel der Welt.

(*Links*) Eine der mit Feuerlöschern ausgestatteten Notrufstationen, die auf der ganzen Tunnellänge im Abstand von 300 m eingerichtet sind. (*Oben*) In einer **Autokolonne** fährt der italienische Präsident Giuseppe Saragat mit seinem Gefolge durch den Tunnel, 19. Juli 1965.

NS
DISCOUNT
DEPT
WATER HEATER

Im August 1965 kam es zu einem rassistisch bedingten Gewaltausbruch in dem vorwiegend von Schwarzen bewohnten **Stadtteil Watts** in Los Angeles. Der Aufruhr dauerte fünf Tage, 30 Menschen wurden dabei getötet, Hunderte verletzt und 2000 Randalierer und Plünderer verhaftet. (*Links*) Einige der 20 000 Nationalgardisten, die zwischen dem 10. und 15. August in Watts eingesetzt waren.

Die Gewalt griff so rasch um sich, dass sich der kalifornische Gouverneur Edmund „Pat“ Brown gezwungen sah, Bundestruppen anzufordern und eine Ausgangssperre zu verhängen. (*Oben*) Ein **Nationalgardist** steht im Schutt vor einem geplünderten Geschäft.

Rigoroses Vorgehen allein war keine Lösung. Präsident Johnson erklärte: „Wir müssen die ungerechten Umstände beseitigen, aus denen die Unruhen letztlich entstehen." (*Oben*) Bewaffnete Polizisten in Watts mit Personen, die der **Randale** verdächtigt wurden.

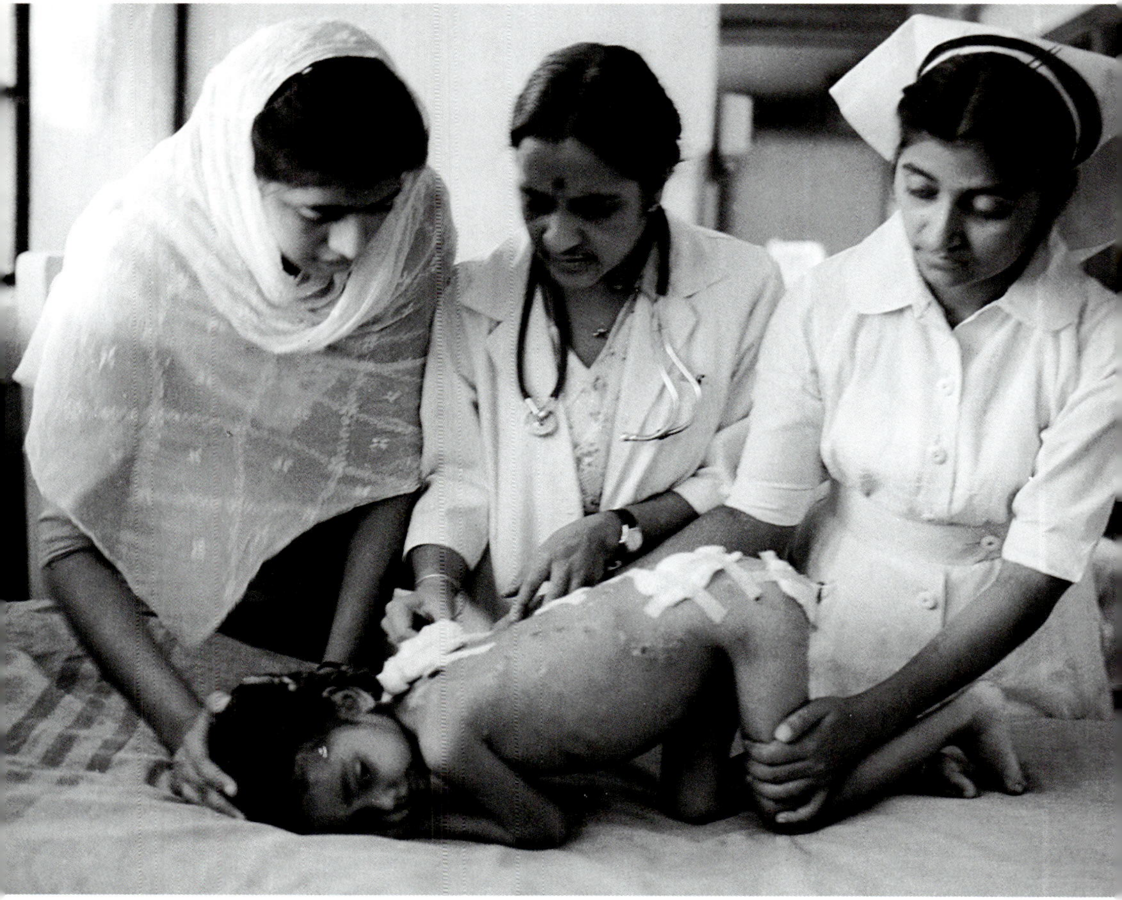

Der schwelende Konflikt um Kaschmir führte im August 1965 zum **Zweiten Indisch-Pakistanischen Krieg**. Kaschmir war seit der Teilung Indiens 1947 eine umstrittene Region. Am 15. August marschierten indische Truppen (*rechts*) ein, und es kam zu offenen Kämpfen. (*Oben*) Ein bei einem Bombenangriff verletztes Kind wird in einem Hospital im Pandschab behandelt, 17. September 1965.

Nach dem Verschwinden mehrerer Kinder und Jugendlicher startete die Polizei eine intensive Jagd auf die sogenannten **Moormörder**. (*Links*) Freiwillige durchkämmen die Moorlandschaft zwischen Manchester und Sheffield, 25. November 1965. Die Mörder waren Ian Brady und Myra Hindley. Das Paar wurde zu den meistgehassten Menschen in Großbritannien. (*Rechts*) Die zehnjährige Lesley Ann Downey, eines der Opfer.

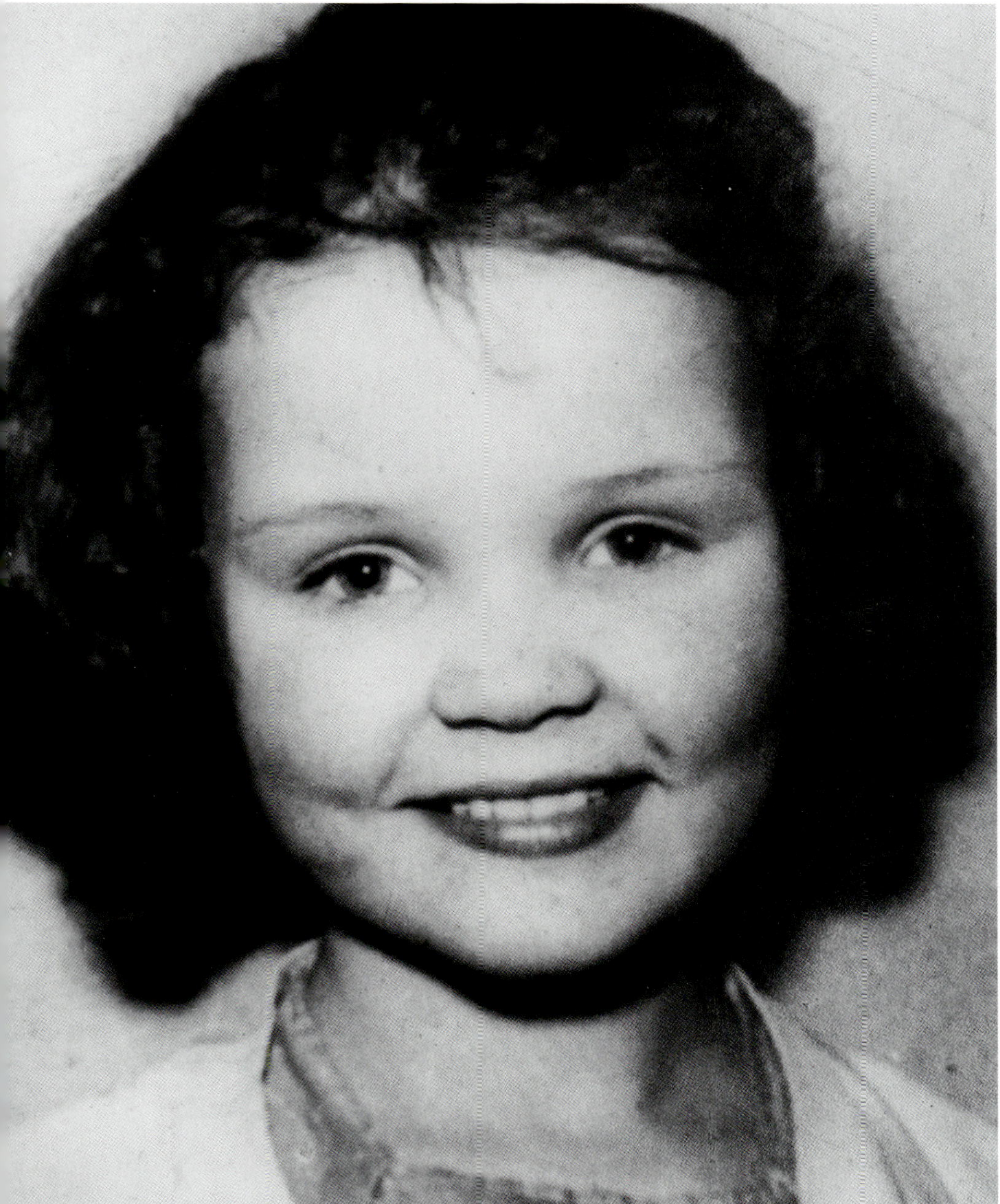

Bis Herbst 1965 hatte das US-Militär bereits fast 650 Männer in **Vietnam** verloren. In der Heimat wuchs der Unmut. Die körperlichen Anforderungen bei der Musterung wurden herabgesetzt. Immer mehr Männer verbrannten ihre Einberufungsbescheide. Präsident Johnson biss die Zähne zusammen und erhöhte die Truppenstärke in Vietnam auf 184 000 Mann. (*Links*) Soldaten der 7. US Marines waten bei Cape Batangan ans Ufer, November 1965.

Die Kämpfe eskalierten nun rasch. Am 20. September 1965 wurden sieben US-Flugzeuge an einem Tag abgeschossen. Die Zahl der getöteten Zivilisten stieg. Der Einsatz von Tränengas wurde erlaubt. Am 30. Oktober bombardierten US-Jets ein Dorf und töteten 48 Einwohner. (*Links*) Ein bei der Offensive gefangener **Vietcong**. (*Oben*) Ein **US Marine** mit einem verwundeten vietnamesischen Kind.

Der Albtraum wurde immer schlimmer. Im November 1965 fielen 240 US-Soldaten innerhalb einer Woche. (*Oben*) Verängstigte **vietnamesische Zivilisten** fliehen vor den Kämpfen zwischen US-Truppen und Vietcong, Cape Batangan. (*Rechts*) Eine amerikanische **Napalmbombe** explodiert in Feldern südlich von Saigon.

Am 9. November um 17.17 Uhr versagte ein Stromrelais in einer Verteilerstation in der Nähe der Niagarafälle. Der daraus resultierende **Stromausfall** betraf neun US-Staaten und Teile Kanadas. Die Autofahrer (*oben*) waren gar nicht begeistert.

Die meisten von dem Stromausfall Betroffenen nahmen das Ganze mit Humor, und angeblich war neun Monate später ein Anstieg der Geburtenrate zu verzeichnen. (*Oben*) Fahrgäste marschieren während des **Stromausfalls** zu Fuß durch einen U-Bahn-Tunnel.

Viele Schriftsteller, Künstler und Musiker beteiligten sich an der Protestbewegung im Westen. Folksänger wie **Bob Dylan** und **Joan Baez** (*links*) bildeten die Vorhut. Dylans *The Times They Are a-Changin'* wurde zu einer Hymne des Protestes. (*Oben*) Der Schriftsteller Norman Mailer, Autor von *Der Alptraum* und *Am Beispiel einer Bärenjagd*, zu Hause mit seinem Sohn Michael und seiner Frau Beverly.

Die beiden erfolgreichsten Filme 1965 handelten von Helden, die sich politischer Repression widersetzten. Regisseur David Lean (*links*, mit Julie Christie) verfilmte Boris Pasternaks Roman ***Dr. Schiwago***. Robert Wise (*oben*, stehend mit Christopher Plummer und Julie Andrews) drehte ***Meine Lieder, meine Träume*** zur Musik von Rodgers & Hammerstein.

Der Bürgerrechtler James Meredith brach im Juni 1966 zu seinem **March Against Fear** von Memphis, Tennessee, nach Jackson, Mississippi, auf. Er wollte damit schwarze Amerikaner ermutigen, sich für die Wahlen registrieren zu lassen. Doch er wurde kurz nach dem Start niedergeschossen. Andere marschierten für ihn weiter (*links*), unter anderen (*oben*, von links nach rechts) Floyd B. McKissick, Martin Luther King und Stokely Carmichael.

Mit dem Lächeln, das er auch in seinen Hollywoodfilmen oft gezeigt hatte, bewarb sich **Ronald Reagan** im September 1966 für sein erstes öffentliches Amt. Bei den Gouverneurswahlen in Kalifornien schlug der Republikaner Reagan (*oben*) den Amtsinhaber Edmund G. Brown. (*Rechts*) Ronald und Nancy Reagan bei der Siegesfeier.

CONGRATULATIONS
Governor
REAGAN
THE
Biltmore

Der 73-jährige **Mao Zedong** trug 1966 einen internen Machtkampf mit seinen ehemaligen Genossen Lin Piao und Deng Xiaoping aus. Mao musste demonstrieren, dass er noch stark genug war, sein Volk zu führen. Deshalb diese retuschierten Fotos: Mao schwimmend im Jangtse (*links*) und strahlend frisch den Fluten entstiegen (*oben*), 16. Juli 1966.

Die sich anschließende **Kulturrevolution** unterzog chinesische Regierungsinstitutionen und Funktionsträger einer unbarmherzigen Überprüfung. (*Links*) Eine junge Rotgardistin legt dem Führer Mao Zedong eine Armbinde um, 8. September 1966. (*Oben*) Im Chor rezitieren Rote Garden aus Maos *Rotem Buch*.

Der Engländer Roger Hunt reißt die Arme hoch, als der westdeutsche Torhüter Hans Tilkowski den Ball nicht fangen kann. Der Ball traf die Querlatte und prallte fast genau auf die Torlinie zurück. Der russische Linienrichter entschied, dass der Ball die Linie überschritten hatte. Heute ist man anderer Ansicht. Aber es war Englands entscheidendes drittes Tor im **WM-Finale** im Wembley-Stadion, 30. Juli 1966.

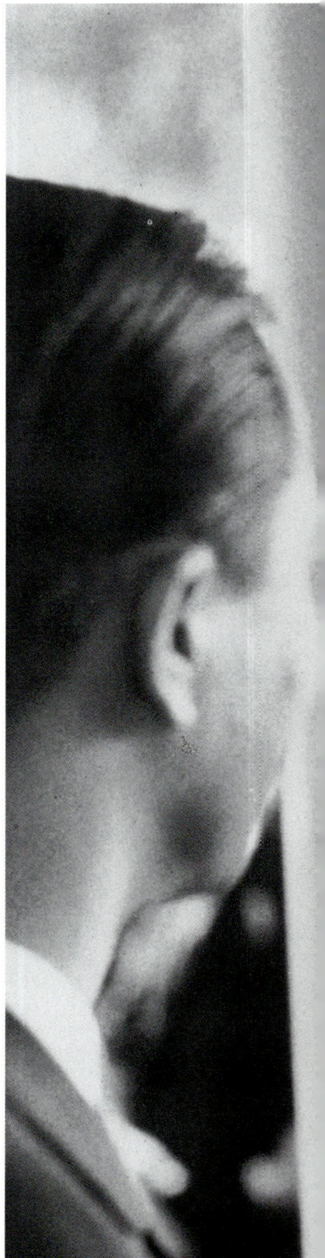

Der **Vietnamkrieg** polarisierte die Welt. Lyndon B. Johnson machte sich Sorgen über die Kosten in Dollars und Menschenleben, unterstützte aber weiterhin das Regime in Südvietnam. (*Rechts*) Johnson trifft Premier Cao Ky Nguyen. (*Oben*) Philippinische Studenten demonstrieren in Manila gegen den Krieg, Oktober 1966. Zur gleichen Zeit stattete Johnson den US-Truppen in Vietnam einen überraschenden Besuch ab.

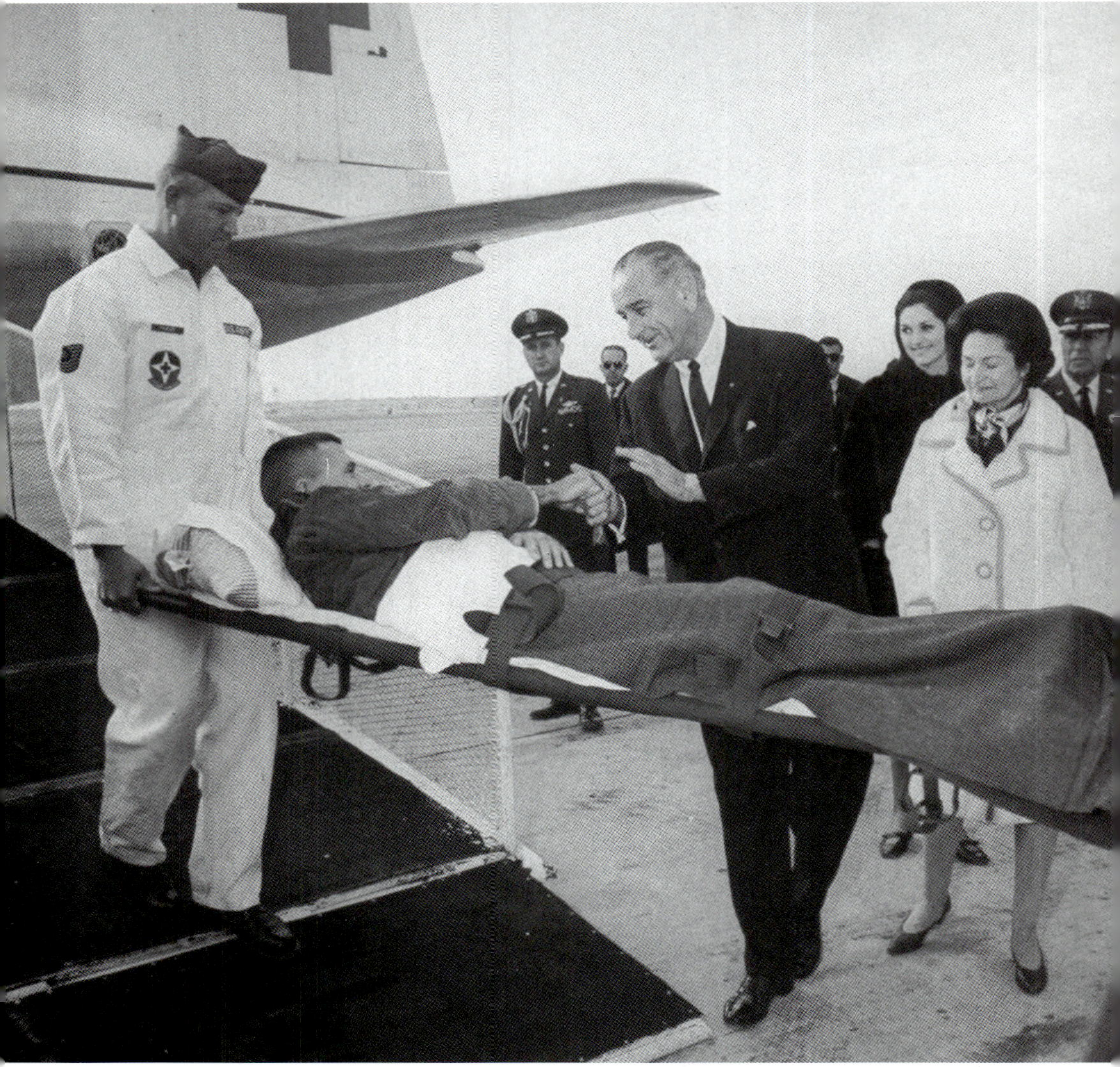

(*Oben*) Präsident Johnson und seine Familie begrüßen auf der Kelly Air Force Base **verwundete US-Soldaten**, die aus Vietnam zurückkehren, Dezember 1966. Zwei Monate zuvor hatte er in Bangkok seinen Truppen noch versichert, sie würden „sicher und gesund" nach Hause kommen. (*Rechts*) Eine demonstrierende **Kriegsgegnerin** bei einer HUAC-Verhandlung in Washington DC, 17. August 1966.

Am 21. Oktober 1966 um 9.30 Uhr kam eine Schlackenhalde beim walisischen Dorf **Aberfan** (*links*) ins Rutschen. Sie begrub die Pantglas Junior School unter sich und tötete 190 Menschen, die meisten davon Kinder. Die Schlacke war über einer Quelle aufgeschichtet worden, und schwere Regenfälle lösten eine Schlammlawine aus. (*Oben*) Angehörige bei einer Massenbeerdigung, 28. Oktober 1966.

Am 4. November 1966 trat der Arno über die Ufer, die Stadt **Florenz** wurde überflutet, 100 Menschen getötet, viele Gebäude und Kunstwerke beschädigt. (*Oben*) Die überflutete Galleria dell'Accademia mit Michelangelos David im Hintergrund. (*Rechts*) Eines der vielen beschädigten Bilder wird abtransportiert.

Schickeria beim **Festival in Cannes** 1966. (*Links*) Die Mitglieder der Jury verliehen die Goldene Palme an *Un Homme et une femme (Ein Mann und eine Frau)* und *Signore e signori (Aber, aber, meine Herren …)*; (von links nach rechts) Armand Salacrou, Marcel Achard, Maurice Genevoix, André Maurois, Tetsuro Furukaki. (*Oben links*) Catherine Deneuve und ihr Mann, der englische Fotograf David Bailey, (*oben rechts*) Raquel Welch, (*rechts*) Monica Vitti.

(*Oben*) Ossie Clark (Zweiter von links) und Neil Winterbottom (ganz rechts) posieren vor Albert Littles Radierung Swinging Sixties. (*Rechts*) Kopftuch und Strandkleid mit dem wilden Muster der 1960er.

Modebranche und Musikbusiness brachten Glanz nach London. Carnaby Street und King's Road in Chelsea waren die angesagten Plätze. Die Damen- und Herrenmode erlebten eine Stil- und Farbexplosion. Mädchen in Miniröcken und Jungs in eng taillierten Klamotten stolzierten in Knightsbridge und Kensington umher. Die Pille eröffnete der Jugend neue Freiheiten. Liebe war alles, was man brauchte. Die britische Musik beherrschte die Radios. Drogen wurden konsumiert wie Brot. Jeder, aber auch wirklich jeder feierte bis zum Morgengrauen. Es war eben die Zeit der Swinging Sixties.

annabelle
MIRACOLI
WHAT IS SCHIZOPHRENIA?
NOVA

Die Moderevolution der 1960er präsentierte neue wie herkömmliche Materialien in gewagten, neuen Stilen. (*Links*) Ein französisches Model posiert in einem Strickmantel mit Lederapplikation von Paco Rabanne. (*Oben*) Pullover und Faltenröcke für jeden Anlass – das Model rechts ist Lesley Hornby, besser bekannt als Twiggy, eine Ikone der Swinging Sixties.

Die Essenz des 1960er-Looks. (*Oben*) Eine junge Kundin probiert in der Boutique Biba in Kensigton einen Hut, Juli 1966. (*Rechts*) Twiggy im Make-up der 1960er mit weitem Pelzmantel und einem eleganten Hut im Stil der 1920er, November 1966. (*Ganz rechts*) Alan Fitch, der Inhaber der Boutique „I Was Lord Kitchener's Valet" in der Portobello Road in Westlondon, Dezember 1966.

I was
LORD KITCHENER'S
Valet

Der Film ***Alfie***, nach Bill Naughtons gleichnamigem Stück *Alfie,* fing den Geist der Swinging Sixties ein. (*Oben*) Michael Caine und Shirley Anne Field in einer Szene des Films. (*Rechts*) Sean Connery wird in ***Man lebt nur zweimal*** kräftig eingeseift. Es war der bis dahin teuerste Bond-Film.

1966

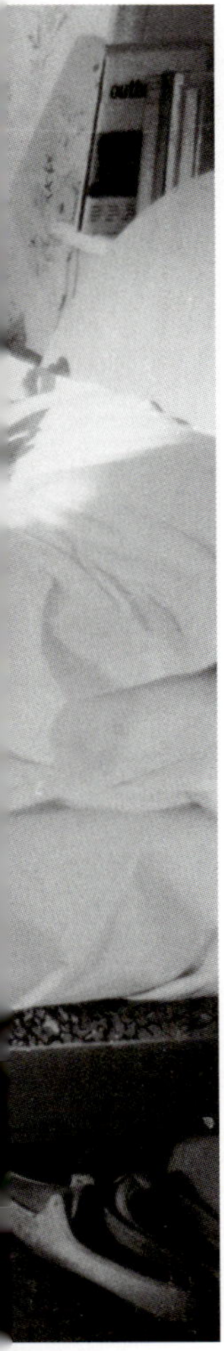

Eine der beliebtesten TV-Serien war 1966 ***Batman***, die mit ihrer „übertriebenen“ Machart dem Stil des alten Marvel-Comics sehr nahekam. (*Links*) Adam West als Batman. (*Rechts*) Seine Erzfeindin Catwoman wurde gespielt von Julie Newmar, bekannt als Star aus *Eine Braut für sieben Brüder*.

Am 5. Januar 1967 beobachteten Millionen Fernsehzuschauer entsetzt, wie **Donald Campbells** Versuch, seinen alten Geschwindigkeitsrekord von 444,71 km/h auf dem Wasser zu überbieten, in einer Tragödie endete. Als sein düsengetriebenes Gleitboot auf dem Coniston Water in Cumbria fast 470 km/h erreicht hatte, hob sich der Bug aus dem Wasser (*oben*), und das Rennboot überschlug sich rückwärts (*von links nach rechts*). Campbell wurde dabei getötet.

Am 18. März 1967 lief der 277 m lange Großtanker **Torrey Canyon** mit 117 000 t Öl an Bord am Seven Stones Reef bei Land's End auf Grund. Um die Verschmutzung der Küste Cornwalls mit Ölschlamm einzudämmen, warf die Royal Air Force Napalmbomben auf das Wrack ab, doch da waren bereits 160 km Strand und Küste mit Öl verseucht.

Ein berühmter Rechtsfall der Swinging Sixties war 1967 die kurzzeitige Inhaftierung zweier Mitglieder der **Rolling Stones** wegen Rauchens von Dope. (*Links*) Mick Jagger und Keith Richards vor dem Chichester Magistrates Court, 10. Mai. (*Oben*) Paul McCartney (Mitte) und Jane Asher bekunden ihre Solidarität mit den Stones.

Als **Sechstagekrieg** wurde ein israelischer Blitzkrieg gegen Ägypten, Syrien und Jordanien bezeichnet, der als Reaktion auf einen ägyptischen Vorstoß in der Wüste Sinai erfolgte. Innerhalb einer Woche konnten die Israelis den Sinai, den Gazastreifen und die Altstadt Jerusalems besetzen. (*Oben*) Am 5. Juni, dem ersten Tag des Krieges, bewachen in Rafah israelische Soldaten ägyptische Kriegsgefangene. (*Rechts*) Israels Premierminister David Ben Gurion besucht die Klagemauer in Jerusalem, 12. Juni.

Detroit war nicht die einzige amerikanische Stadt, die im Sommer 1967 von **Unruhen** erschüttert wurde, doch hier war der Aufstand besonders gewalttätig und Dutzende Menschen wurden getötet. Bürgermeister Jerome P. Cavanagh sagte, seine Stadt erinnere an Berlin 1945. (*Oben*) Die Polizei hat Verdächtige an einer Wand aufgereiht. (*Rechts*) Nationalgardisten patrouillieren in den Straßen, Juli 1967.

Das letzte der großen Tansatlantik-Linienschiffe der Cunard-Reederei lief am 20. September 1967 in der John-Brown-Werft am Clyde vom Stapel. Die **Queen Elizabeth II**, besser bekannt als **QE2**, wog 65 863 t und hatte 2,5 Millionen Pfund gekostet. (*Links*) Eine der beiden Schiffsschrauben. (*Rechts*) Die Taufe des Schiffes durch Königin Elisabeth aus der Vogelperspektive aufgenommen.

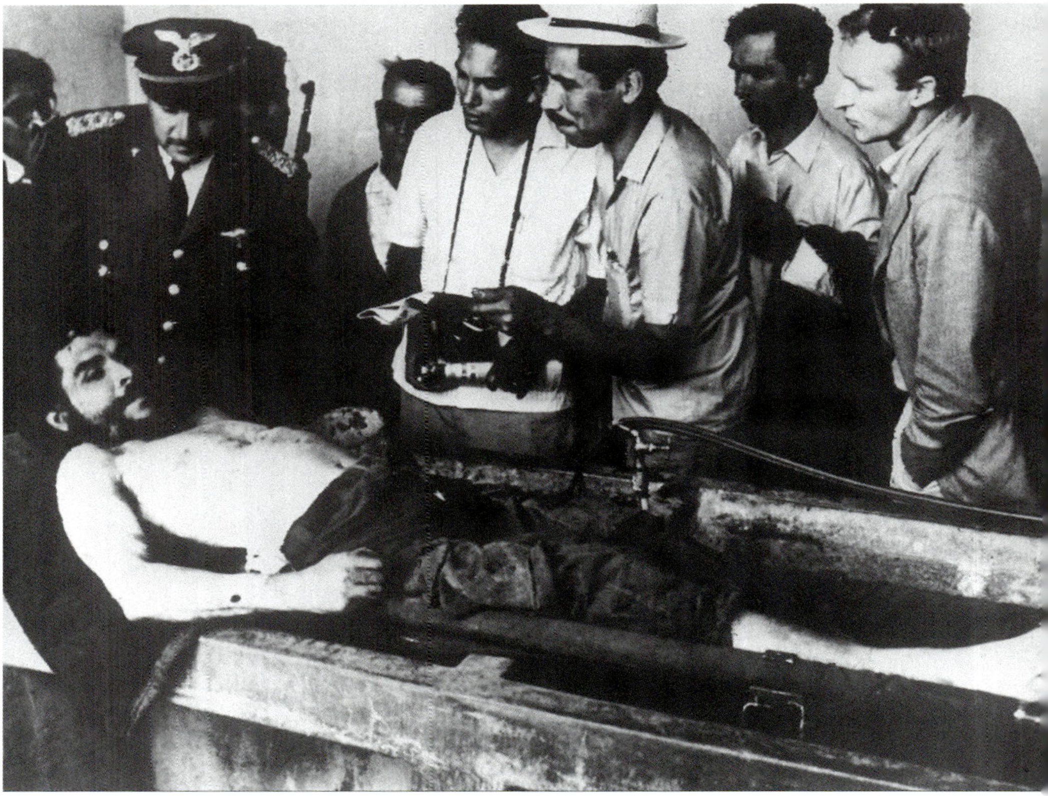

Ernesto Che Guevara verließ Kuba 1965 mit unbekanntem Ziel. 1967 hatte er sich Kräften angeschlossen, die das Regime in Bolivien stürzen wollten. Am 8. Oktober wurde er von Regierungssoldaten gefangen genommen. Am Tag darauf erschoss man ihn und präsentierte seinen Leichnam bei einer Pressekonferenz (*oben*).

Für die Revolution in Zentral- und Südamerika war der Tod Che Guevaras ein schwerer Schlag. **Fidel Castro** war persönlich getroffen, denn er verlor in Che einen Freund und Mitstreiter. (*Oben*) Castro hält ein Foto hoch, das General Ovando Candia und andere bolivianische Offiziere der Armeeführung zeigt, die den Tod Guevaras feiern.

Hochzeit des King: (*Oben*) **Elvis Presley** und Priscilla Beaulieu schneiden im Aladdin Hotel in Las Vegas die Hochzeitstorte an, 2. Mai 1967. Den Gästen wurden Schinken, Austern nach Rockefeller Art, frittierte Hähnchenteile und kandierter Lachs serviert. (*Rechts*) Kaiserkrönung des Schahs: **Mohammad Reza** (*links*) mit seinem Sohn und Kaiserin Farah Diba, 26. Oktober 1967.

Es war ein Jahr der Paraderollen für Spitzenschauspielerinnen. (*Oben*) Faye Dunaway als **Bonnie Parker**, (*links*) Jane Fonda als **Barbarella** und (*rechts*) Elizabeth Taylor als **Katharina** in Franco Zeffirellis *Der Widerspenstigen Zähmung*.

©CPC-TOS-49

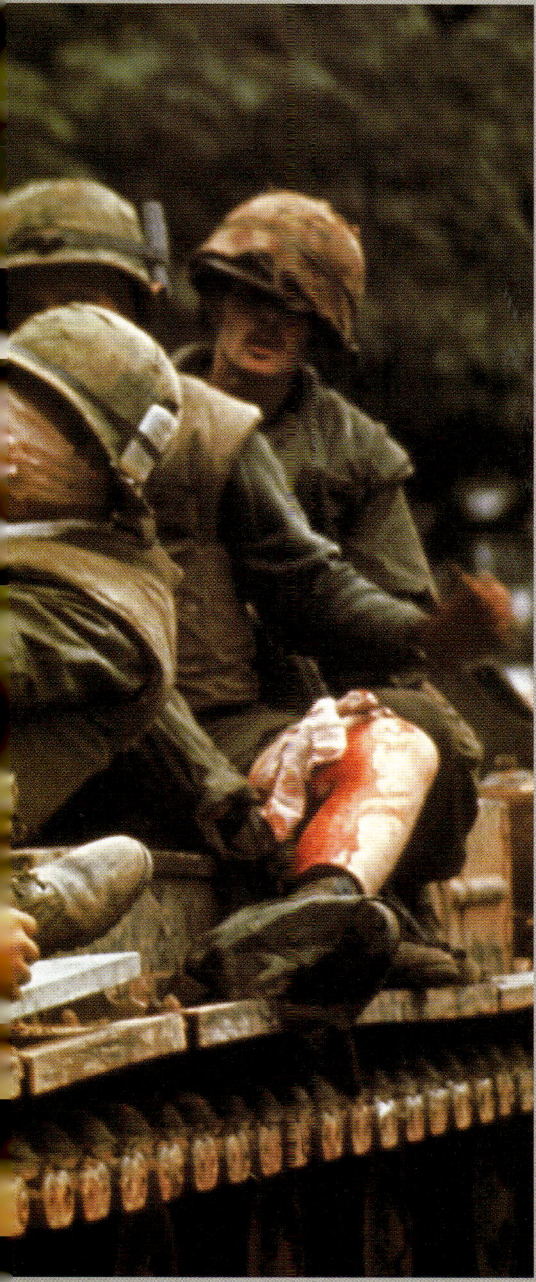

Im Jahr 1968 waren die Belastungen durch den Vietnamkrieg für Menschen und Ressourcen immens. In den zwei Jahren seit 1966 hatte sich die Truppenstärke der USA in Vietnam von 184 000 auf 537 000 erhöht. 1965 lag der Verlust pro Monat bei 172 Mann, 1968 bei rund 1200. Präsident Johnsons Versuch, Tauben und Falken gleichermaßen zu ignorieren und auf einen Zermürbungskrieg zu setzen, erwies sich als Albtraum in Vietnam und als Desaster in der Heimat. Anfang 1968 begann die Tet-Offensive der Kommunisten, die 100 Städte, darunter auch Saigon, angriffen. Das drohende Unheil zeichnete sich ab.

(*Links*) Ein Panzer wird als behelfsmäßiger Krankenwagen benutzt, um verletzte Marines während der Schlacht um die Rückeroberung von Hue zu bergen, Februar 1968. (*Oben*) Eine trauernde Witwe mit dem in einem Massengrab entdeckten Leichnam ihres Manns, Februar 1968.

Der Großangriff im März von südvietnamesischen und US-Truppen auf die alte Stadt Hue führte zu schweren Zerstörungen. (*Oben*) Eine von Hues Prachtstraßen nach einem Angriff von amerikanischen B-52-Bombern. (*Rechts*) Ein Ladenbesitzer sitzt mitten in den Trümmern seines Hauses, 13. März. (*Links*) Flüchtlinge kehren in die Stadt zurück. Johnson entsandte weiter 10500 US-Soldaten.

Am 16. März 1968 trieben Soldaten die Einwohner des Dorfes My Lai zusammen (*links*). Die ganze Wahrheit über die Ereignisse wird nie ans Licht kommen. US-Soldaten setzten Häuser in Brand (*oben*), Frauen und Kinder wurden massakriert (*rechts*). Verantwortlicher Offizier war Lieutenant William Calley, den ein Kriegsgericht später zu 21 Jahren Haft verurteilte.

Im Frühjahr 1968 war **Martin Luther King jr.** mit der Koordination der „Poor People's Campaign", der Bürgerrechtsbewegung in den USA, beschäftigt. Bei einem Aufenthalt in Memphis, Tennessee, wurde er am 4. April vor dem Lorraine Hotel erschossen. (*Rechts*) Ralph Abernathy, Jesse Jackson und andere zeigen, woher die Schüsse kamen. (*Oben*) Der wegen des Mordes angeklagte James Earl Ray beteuert vor dem zuständigen Komitee seine Unschuld.

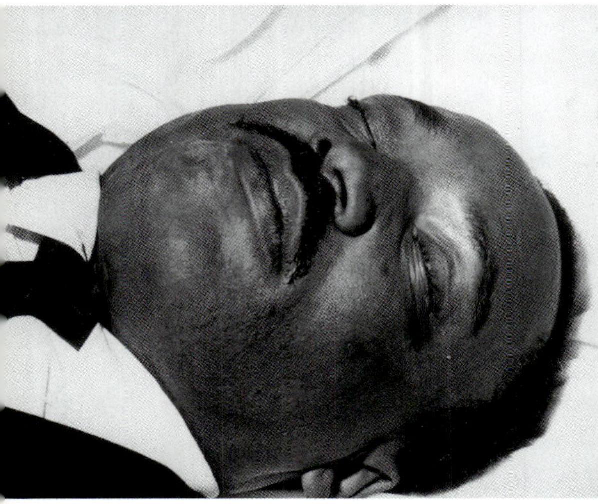

(*Rechts*) Die **Beisetzung von Martin Luther King** am 8. April 1968. Kings Witwe Coretta Scott King führt in der vordersten Reihe (Mitte) den Trauerzug an, zu ihrer Linken Kings Freund und Kollege Ralph Abernathy. Links im Bild Harry Belafonte, der Kings Kinder begleitet. (*Oben*) Martin Luther King – der Mann, der „Amerikas Seele" erlösen wollte.

Am 2. Mai 1968 ließ die Verwaltung die **Pariser Universität Sorbonne** schließen und die Studenten aussperren. Vier Tage später marschierten 20 000 Studenten, Lehrer und Sympathisanten zur Sorbonne. Dies war der erste Schritt, der sich anschließende Konflikt nahm revolutionsartige Züge an: Züge fuhren nicht mehr, Flughäfen wurden geschlossen, die Kommunikation per Post und Telefon gekappt und Barrikaden errichtet.

Nach dem Aufruf der Gewerkschaften zu einem **Generalstreik** verwandelte sich Paris am 14. Mai 1968 in ein Schlachtfeld. (*Links*) Bereitschaftspolizisten der CRS mit Tränengasgewehren stellen sich den Demonstranten in den Weg. Die Brutalität der Polizei löste weitere Proteste aus. (*Oben*) Mehr als eine Million Menschen sind auf der Straße, Studenten und Arbeiter solidarisieren sich im Kampf gegen Polizei und CRS.

Nach ihrer Wiedereröffnung wurde die Sorbonne sofort von Studenten besetzt und zu einer „autonomen Volksuniversität" erklärt. (*Oben*) Eine Schlüsselfigur des Mai 68 war **Daniel Cohn-Bendit**, bekannt als „Danny le Rouge". De Gaulle blieb hart und hielt eine Rede, die François Mitterrand als „einen Aufruf zum Bürgerkrieg" verurteilte. (*Rechts*) Eine Massendemonstration gegen das gaullistische Regime, 7. Juni 1968. Doch Ende des Monats war die Krise sang- und klanglos beendet.

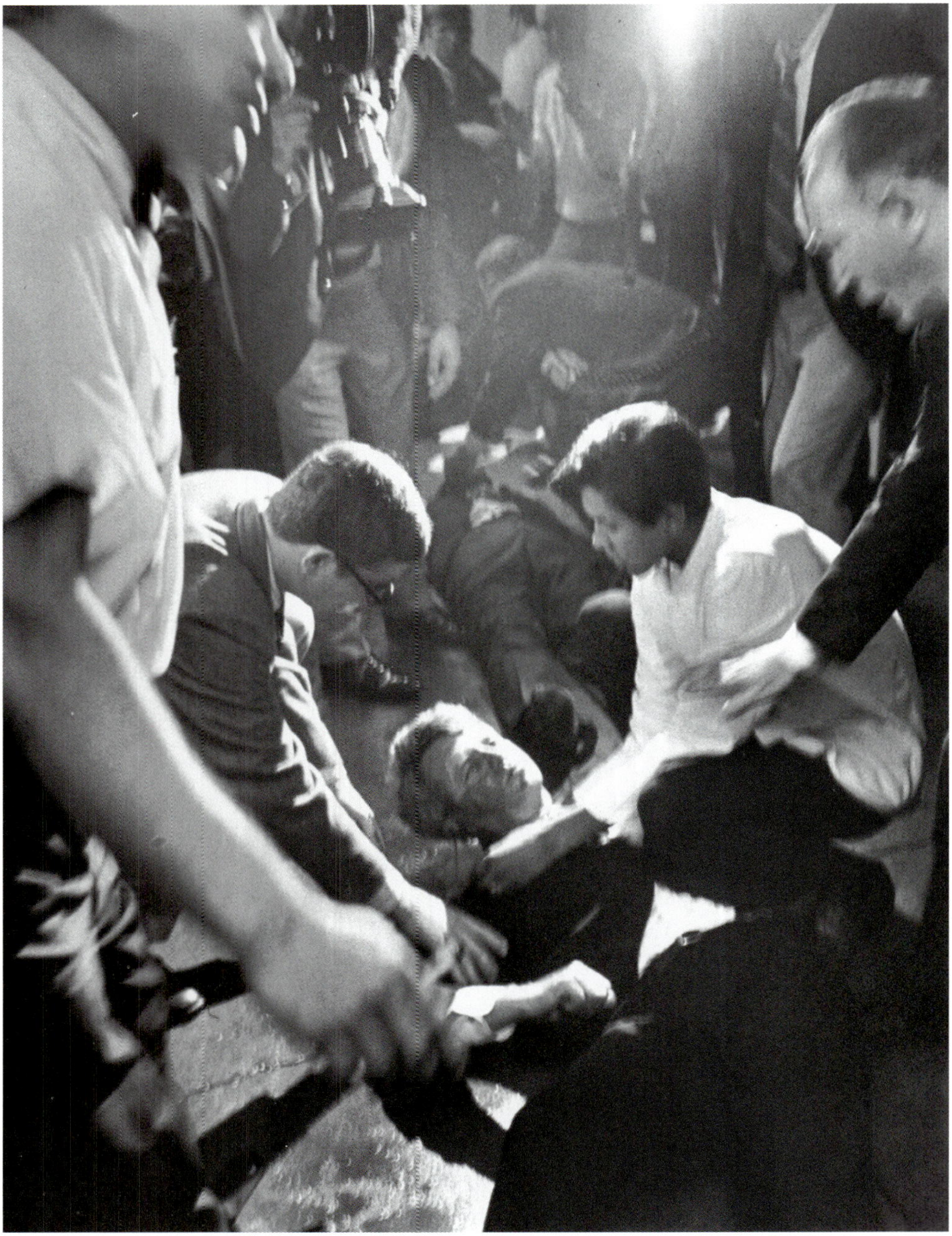

Um 0.15 Uhr am 5. Juni 1968, kurz nachdem er in seinem Präsidentschaftswahlkampf die kalifornischen Vorwahlen gewonnen hatte, wurde **Robert Kennedy** von Sirhan Sirhan im Ambassador Hotel in Los Angeles angeschossen. (*Rechts*) Der Kellner Juan Romero versucht, Kennedys Kopf anzuheben. (*Links*) Reporter und Kamerateams drängeln sich um den verwundeten Kennedy. (*Oben, links*) Ethel Kennedy starrt auf ihren Mann, dann (*oben, rechts*) schickt sie die Reporter weg. Robert Kennedy starb 26 Stunden später.

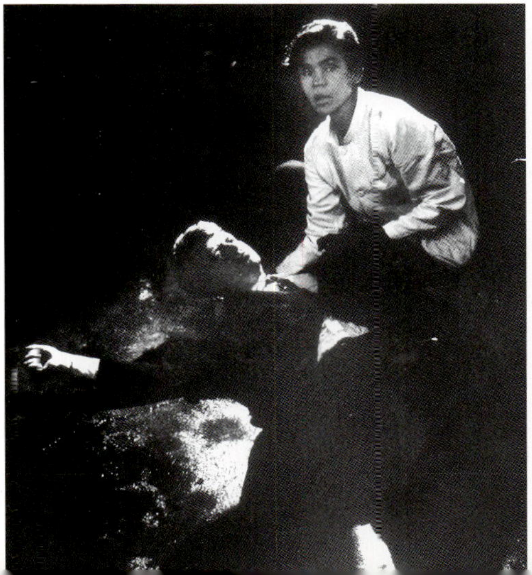

Eine Hungersnot in Westafrika veranlasste die Provinz **Biafra**, sich von Nigeria abzuspalten. In dem sich anschließenden blutigen Bürgerkrieg starben Millionen an Hunger oder wurden getötet. (*Rechts*) Ein hungerndes Kind in einem nigerianischen Flüchtlingslager, 12. Juli 1968. (*Oben*) Ein Regierungssoldat bewacht gefangen genommene Frauen und Kinder.

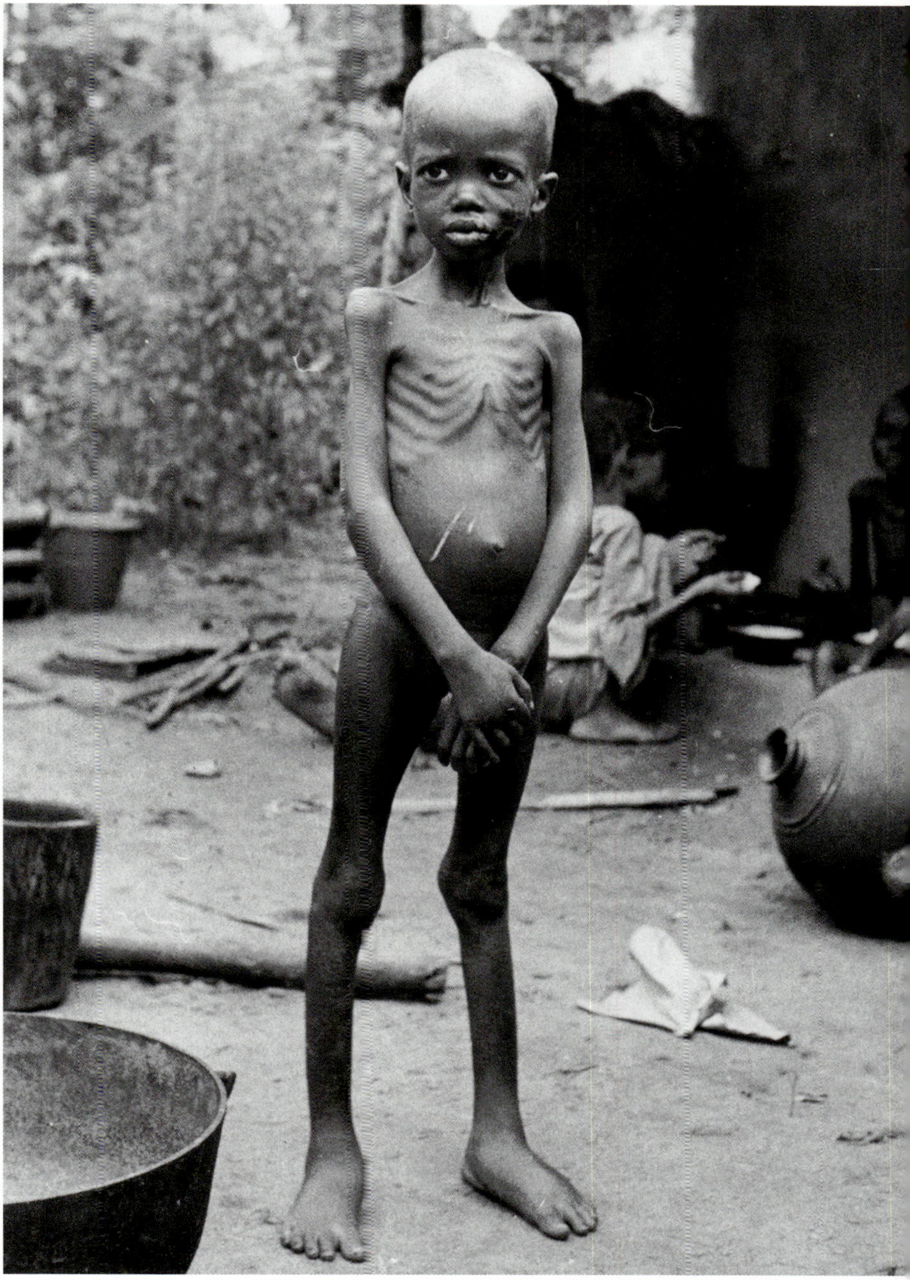

212

1956 Ungarn – 1968 die Tschechoslowakei: Der **Prager Frühling** war ein Versuch des KP-Chefs Alexander Dubček, die Politik des Landes zu liberalisieren und zu reformieren. Auch hier reagierte die Sowjetunion rasch und brutal. (*Links*) Prager Bürger mit tschechischen Nationalflaggen stellen sich sowjetischen Panzern in den Weg, 21. August 1968. (*Oben*) Tote und Verwundete werden geborgen. Innerhalb weniger Wochen hatten die Truppen des Warschauer Paktes den Prager Frühling mit Gewalt beendet.

Die **Olympiade in Mexiko-Stadt** bescherte den US-Athleten mit insgesamt 106 Medaillen einen großen Triumph. Bob Beamon (*links*) stellte einen neuen Rekord im Weitsprung auf, obwohl er in der Nacht zuvor Sex mit seiner Frau gehabt hatte. In Erinnerung blieben die Spiele aber wegen der Siegerehrung nach dem 200-m-Lauf der Männer (*rechts*), bei der Tommie Smith (Mitte) und John Carlos den Black-Power-Gruß zeigten.

Die Theatersensation 1968 war das Hippiemusical ***Hair*** (*oben*) über Frieden und Liebe – und mit nackten Darstellern. (*Rechts*) Keir Dullea alleine in seinem Raumschiff in Stanley Kubricks ***2001: Odyssee im Weltraum***.

Mit mehr als einem Jahr Verspätung hob am 2. März 1969 das erste Überschall-Verkehrsflugzeug der Welt in Toulouse zu seinem 30-minütigen Jungfernflug ab. Sieben Monate danach absolvierte die **Concorde** ihren ersten Überschall-Flug. (*Oben*) Stewardessen der verschiedenen Concorde-Airlines präsentieren sich vor einem 1:1 Modell. (*Links*) Make-up und Accessoires im Stil à la Concorde.

Ein knappes Jahr nach den Unruhen im Mai 1968 trat der französische Präsident **Charles de Gaulle** zurück, nachdem ein von ihm vorgeschlagenes Referendum über Senats- und Regionalreformen gescheitert war. (*Oben*) De Gaulle bei der Stimmabgabe zum Referendum am 27. April 1969, seine glorreiche Zeit lag da bereits hinter ihm.

De Gaulles Nachfolger wurde sein ehemaliger Premierminister **Georges Pompidou**, der 1968 mit einer geschickten Politik wesentlich zur Abwendung einer Revolution beigetragen hatte. Viele vermuteten, de Gaulle habe ihn entlassen, weil er ihm den Erfolg neidete. (*Oben*) Pompidou fährt nach seiner Amtseinführung als Präsident über die Champs-Élysées, 20. Juni 1969.

HAIR
PEACE.
BED
PEACE.

Der „Hippy Hippy Shake“ des Rock ’n’ Roll war auch Ende der 1960er und darüber hinaus angesagt. **John Lennon** und **Yoko Ono** verbrachten sieben Tage im Bett der Präsidentensuite des Amsterdamer Hilton (*links*), um gegen „Krieg und Gewalt in der Welt“ zu demonstrieren, März 1969. Die Stones waren laut, wie eh und je. (*Oben*) Marianne Faithfull (hinter den Fotografen) und Mick Jagger, der beim **Hyde-Park-Konzert** losrockt, 5. Juli 1969.

Ein Menschheitstraum ging in Erfüllung. Am 16. Juli 1969 hob das **Raumschiff Apollo 11** von Cape Kennedy ab (*links*), an Bord Neil Armstrong, Buzz Aldrin und Michael Collins. Vier Tage, sechs Stunden und 45 Minuten später verfolgte ein Fünftel der Weltbevölkerung im Fernsehen, wie Aldrin als zweiter Mensch die Mondoberfläche betrat und dabei Armstrongs „riesigen Fußstapfen" im Mare Tranquillitatis (Meer der Ruhe) folgte (*rechts*).

Die drei Astronauten verbrachten mehr als 21 Stunden auf dem Mond, bevor sie zur Erde zurückkehrten und nur 24 km neben ihrem Bergungsschiff USS Hornet landeten. (*Oben*, von links nach rechts) Armstrong, Collins und Aldrin werden in ihrer **mobilen Quarantänestation** von Präsident Nixon besucht, 24. Juli 1969.

Es war ein gewaltiger Triumph für die USA, sie hatten die Sowjetunion beim Wettlauf im All überholt. Das amerikanische Sternenbanner war als erste Flagge auf dem Mond gehisst worden. Die Astronauten wurden als Helden bejubelt und mit einer **Konfettiparade** in New York empfangen, 21. August 1969.

Am 9. August 1969 drangen Mitglieder von **Charles Mansons** „Familie" in Roman Polanskis Haus in Beverly Hills ein. Sie töteten fünf Menschen, darunter auch Polanskis schwangere Ehefrau, die Schauspielerin Sharon Tate (*rechts*, mit Polanski). Polanski auf der blutverschmierten Veranda seines Hauses am Tag nach der Tat. (*Ganz rechts*) Manson wird zu einer Vernehmung gebracht.

Am 12. August 1969 zogen die Protestant Apprentice Boys durch das katholische Viertel Bogside von Derry in Nordirland. Mehr als 1000 Menschen wurden bei den dreitägigen Kämpfen, die danach ausbrachen, verletzt. (*Oben*) Nordirische RUC-Polizisten machen sich am 13. August für den Einsatz bereit. (*Rechts*) Die 21-jährige Abgeordnete **Bernadette Devlin** von der Independent Unity vertrat Mid Ulster im britischen Parlament. Später wurde sie wegen „Anstiftung zum Aufruhr" bei der **Battle of the Bogside** (Schlacht in Bogside) verurteilt.

LICENSED BOO

(*Links*) Polizisten der **Royal Ulster Constabulary** feuern am ersten Tag der Kämpfe Tränengaskartuschen ab. Die Männer waren schlecht ausgerüstet, ihre Schutzschilde waren zu klein und ihre Uniformen nicht feuerfest. Obwohl sie über Gewehre und gepanzerte Fahrzeuge verfügten, durften sie diese nicht einsetzen. Sie standen drei Tage und Nächte ohne Pause im Kampf.

Woodstock, von seinen jungen Veranstaltern als „Drei Tage voller Frieden und Musik" angepriesen, lockte zwischen dem 15. und 18. August 1969 450 000 Fans auf eine Wiese in Sullivan County. Für das Doppelte ihrer üblichen Gage wurden The Jefferson Airplane, Creedence Clearwater Revival und The Who engagiert. Jimi Hendrix erhielt 32 000 Dollar. Das Festival war ein so großer Erfolg, dass man anschließend eine Reihe von Gesetzen erließ, um eine Wiederholung zu verhindern.

Register

Die Seitenzahlen beziehen sich auf Textstellen.

Abernathy, Ralph 220, 222
Adenauer, Konrad 83
Aldrin, Buzz 244, 246
Andrews, Julie 165
Armstrong, Neil 244, 246
Asher, Jane 201

Baez, Joan 163
Bailey, David 184
Beach Boys, The 128
Beamon, Bob 235
Beatles, The 115, 123, 125–126, 201, 243
Belafonte, Harry 222
Ben Bella, Mohammed Ahmed 66–67
Ben Gurion, David 202
Boston, Ralph 23
Brady, Ian 152
Brown, Edmund „Pat“ 148, 168
Brumel, Waleri 135
Bykowski, Waleri 87

Caine, Michael 192
Calley, William jr. 219
Campbell, Donald 197
Carlos, John 235
Carmichael, Stokely 167
Castro, Fidel 25, 38, 209
Chaney, James 112
Checker, Chubby 52
Christie, Julie 165
Chruschtschow, Nikita 25, 77
Clark, Ossie 186
Clay, Cassius 108
Cohn-Bendit, Daniel 226
Collins, Michael 244, 246
Connally, John 101
Connery, Sean 80, 192

de Gaulle, Charles 9, 226, 240–241
Deneuve, Catherine 184
Devlin, Bernadette 250
Downey, Lesley Ann 152
Dullea, Keir 236
Dunaway, Faye 212
Dylan, Bob 163

Eaton, Shirley 136
Edwards, Blake 55
Eichmann, Adolf 51
Elisabeth II., Königin 207
Erhard, Ludwig 83

Faithfull, Marianne 243
Farah Diba, Kaiserin 210
Fellini, Federico 55
Field, Shirley Anne 192
Fonda, Jane 212
Furukaki, Tetsuro 184

Gagarin, Juri 36
Glenn, John 62
Goldwater, Barry 116
Gordy, Berry 131
Goodman, Andrew 112
Guevara, Ernesto Che 208–209

Hammarskjöld, Dag 45
Harrison, Rex 107
Hepburn, Audrey 55
Hindley, Myra 152
Hitchcock, Alfred 33
Hobson, Valerie 89
Humphrey, Hubert 116
Hunt, Roger 175

Ivanow, Eugene 89

Jackson, Jesse 220
Johannes XXIII., Papst 72, 84
Johnson, Lyndon B. 116, 149, 155, 176, 178, 215–216

Keeler, Christine 89, 90–91
Kennedy, Caroline 105
Kennedy, Edward 105
Kennedy, Ethel 229
Kennedy, Jacqueline 101, 105
Kennedy, John F. 26, 28, 47–49, 62, 74–75, 77, 93, 101, 103
Kennedy, John jr. 105
Kennedy, Robert 105, 229
King, Coretta Scott 4, 222
King, Martin Luther jr. 4, 98, 112, 139–140, 167, 220, 222

Lagaillarde, Pierre 9
Lean, David 81, 165
Leigh, Janet 33
Lennon, John 243
Leonow, Alexei 142
Lord, Jack 80
Lumumba, Patrice 45–46

Mailer, Norman 163
Malcolm X 108
Manson, Charles 248
Mantle, Mickey 31
Mao Zedong 171, 173
Mastroianni, Marcello 55
Matthews, Ken und Sheila 135
Maurois, André 184
McKissick, Floyd 167
Meredith, James 71, 167
Monroe, Marilyn 69

Newmar, Julie 195
Nguyen, Cao Ky 176
Nixon, Richard M. 26, 28, 246
Nurejew, Rudolf 52

Ono, Yoko 243
Oswald, Lee Harvey 103
O'Toole, Peter 81

Pahlewi, Mohammad Reza Schah 210
Petterson, Gösta 135
Plummer, Christopher 165
Polanski, Roman 248
Pompidou, Georges 241
Powers, Gary 17
Presley, Elvis und Priscilla 210
Profumo, John 89, 90

Quant, Mary 121

Ray, James Earl 220
Reagan, Nancy 168
Reagan, Ronald 168
Reeb, James 140
Resnais, Alain 55
Rice-Davies, Mandy 91
Robinson, Smokey 131
Rolling Stones, The 128, 201, 243
Ruby, Jack 103
Rudolph, Wilma 23

Salacrou, Armand 184
Sassoon, Vidal 121
Schwerner, Michael 112
Sellers, Peter 136
Sharif, Omar 81
Smith, Ian 162
Smith, Tommie 235
Snell, Peter 132
Stephen, John 121
Sullivan, Ed 126
Supremes, The 131

Tate, Sharon 248
Taylor, Elizabeth 107, 212
Tereschkowa-Nikolajewa, Walentina Wladimirowna 86–87
Tilkowski, Hans 175
Trujillo, Rafael sen. 43
Tshombé, Moïse 45–46
Twiggy 189–190

Verwoerd, Hendrik 35
Vitti, Monica 184

Ward, Stephen 90–91
Welch, Raquel 184
West, Adam 195
White, Edward 142
Wilson, Harold 115, 162
Wise, Robert 165
Wonder, Stevie 131